DE L'EXCELLENCE DES HOMMES,
CONTRE L'EGALITE' DES SEXES.

A PARIS
Chez JEAN DU PUIS, ruë S. Jacques
à la Couronne d'or.

M. DC. LXXV.
AVEC PRIVILEGE DV ROY.

PREFACE.

SI les femmes meritent à cause de la beauté qui leur est particuliere, que leur sexe soit appellé *le beau sexe* par excellence, la question où l'on examine si elles sont égales aux hommes, doit aussi estre appellée la belle question, n'y en ayant peut-estre pas de plus importante, de plus étenduë ny de plus curieuse dans toute la sagesse humaine. Elle regarde tous les jugemens & toute la conduite des hommes à l'égard des femmes, des femmes à l'égard des hommes, & des femmes mesmes entr'elles. On ne la peut bien traitter sans ce qu'il y a de plus solide dans les sciences, & elle sert à décider de quantité d'autres questions curieuses, principalement dans la Morale, la Jurisprudence, la Theologie & la Politique, dont on ne peut parler

A ij

librement dans un livre.

Je ne dis point qu'elle est encore le fond de la belle galanterie ; pour ne la pas décrier dans l'Esprit de ceux qui mettent leur sagesse à condamner ce qu'ils n'entendent pas, & leur vertu à témoigner de l'éloignement pour les choses qu'ils estiment le plus dans leur ame.

Ainsi ce sujet doit estre au goust de tout le monde, n'y ayant personne qui ne puisse y prendre quelqu'interest ; & je m'estonne qu'après tant de menaces d'écrire contre l'égalité des sexes, aucun ne l'ait fait encore, au moins pour répondre à l'attente que ces menaces avoient donnée.

C'est ce qui m'a porté à reprendre la plume pour faire ce Traitté de l'Excellence des hommes, non pour prouver qu'ils sont plus excellens que les femmes, estant persuadé du contraire plus que jamais, mais seulement pour donner moyen de comparer les deux sentimens opposez, & de mieux juger lequel est le plus vrai, en voyant

Preface.

séparément dans tout leur jour les raisons sur lesquelles ils sont fondez. Et pour rendre ce parallelle plus entier, l'on a trouvé à propos de mettre dans cette Preface l'abregé d'une réponse considerable aux authoritez de l'Ecriture sainte, que l'on rapporte dans la seconde partie de ce Traitté ; cette addition ayant encore esté jugée necessaire pour ne point multiplier les livres, pour faire un plus juste volume, & pour donner aux femmes dequoy se deffendre fortement contre ceux qui se servent de l'Ecriture pour les mortifier.

LE sentiment de l'égalité des sexes est plus facile à établir par les regles de l'Ecriture que par celles de la Philosophie, pourvû que dans l'une & dans l'autre on ne consulte point les préventions de l'enfance, & que l'on se serve de ses propres yeux pour découvrir la verité que l'on recherche : estant certain que ceux qui lisent l'Ecriture sainte exactement & sans préjugé, n'y trouvent rien qui leur donne lieu de croire que Dieu ait rendu les hommes plus parfaits & plus capables que les femmes, ny par conſequent que les uns ſoient à ſon égard plus nobles & plus eſtimables que les autres.

C'eſt ainſi, ſans doute, qu'en ont uſé quelques Peres de l'Egliſe dont il ne ſera pas inutile de toucher les témoignages en faveur de noſtre opinion pour montrer qu'elle n'eſt pas contraire à la ſaine Theologie, puis que de grands Theologiens l'ont ſoûtenuë.

S. Clement d'Alexandrie eſt un de ceux qui s'en expliquent le plus clairement. *C'eſt*, dit-il, *une choſe inconteſtable parmy nous que les hommes & les femmes ſont de meſme nature, & qu'ils ont par conſequent le meſme pouvoir d'agir & de pratiquer la vertu. Si ils ſont d'une autre nature ce ne peut eſtre qu'en apparence: car elle eſt la meſme au fond. Ils ont le meſme Dieu*, ajoûte-t-il ailleurs, *le meſme Maiſtre qui eſt Ieſus-Chriſt, la meſme Egliſe, les meſmes eſpe-*

l.1. Strom.

l.1. Pædag.

rances, les mesmes graces, les mesmes choses à apprendre & à faire pour leur salut ; outre que les mesmes actions de la vie, tant du corps que de l'esprit, leur sont communes & semblables. Leur sexe n'est differens qu'en ce que les femmes épousent des hommes & les hommes épousent des femmes. Mais il n'en sera pas ainsi dans l'autre monde, dont la recompense n'est promise icy bas ny au masle ny à la femelle en particulier, mais à tous deux en general, sous le nom d'homme, qui leur est commun également.

 S. Basile se sert des mesmes raisons, & presque des mesmes termes. *Les avantages de la nature*, dit-il, *sont entierement égaux dans les hommes & dans les femmes, sans aucune difference, & ils ont un pouvoir égal de bienfaire. Il ne faut donc pas que les femmes disent qu'elles n'ont point de force, & qu'elles sont d'une condition inferieure à celle des hommes. Si elles sont foibles ce n'est que dans*

Hom. o. in Hexa.n.

Preface.

le corps & nullement dans l'ame qui est le siege de la force, de la constance & de la vertu, en quoy souvent il n'y a point d'homme capable de les égaler. Et quelques lignes aprés, ce grand homme ajoûte qu'il ne faut point du tout s'arrester au corps qui n'est que la couverture, pour ainsi dire, & le vestement de l'ame, & qui pour estre un peu moins robuste dans les femmes que dans les hommes, n'empéche pas que l'ame n'y ait le mesme pouvoir d'agir & de pratiquer la vertu. Or il faut remarquer que la vertu pour estre parfaitte suppose la lumiere dans l'entendement & la force dans la volonté, pour se servir du corps comme d'un organe. Ce qui se trouve de la mesme maniere dans les deux sexes.

Sur le 1. Pseaume.

S. Ambroise aprés avoir remarqué que les actions des hommes & des femmes ne peuvent estre differentes, parce qu'ils ont la mesme nature, le mesme pouvoir & les mesmes prérogatives, declare *qu'il ne faut point* s'arrêter à la difference du sexe dans les choses où il ne s'agit nullement de disputer des avantages du corps, mais seulement de ceux de l'ame qui ne reçoit point de sexe.

Je ne parle point de S. Hierosme, ny d'Origene, n'y ayant gueres de gens qui ne sçachent l'estime qu'ils ont euë pour les femmes. Passons à l'Ecriture.

LE premier endroit où il est parlé des deux sexes c'est à la fin du premier chapitre de la Genese en ces termes. *Dieu forma l'homme à son Image; & il le forma masle & femelle, & leur dit, croissez, multipliez, remplissez la terre, cultivez-la, soyez les seigneurs & les maistres des poissons, des oiseaux, & de tous les animaux.* Examen du 1. chap. de la Genese. v. 27.

Quand ce passage auroit esté dressé exprés pour prouver l'égalité, il ne pouvoit estre ny plus fort ny plus formel. Le mot *d'homme* y convient également au masle & à la femelle comme presque dans tout le reste de l'Ecriture, sans que l'on puisse rien montrer qui oblige de l'attribuer à l'un selon une idée plus excellente qu'à l'autre. Et dans les rencontres où il signifie le masle en particulier, ce n'est que suivant l'usage qui donne au masle le nom de toute l'espece.

En effet soit que l'on définisse l'homme un animal capable de raison, ou bien une creature faite à l'Image de Dieu, cette définition convient aux deux sexes sans aucune différence, l'un & l'autre estant capables des mesmes fonctions de corps & d'esprit, comprises dans l'idée generale de l'homme ; Et le principe de connoistre, de vouloir & d'agir, parquoi nous ressemblons à Dieu, n'estant pas moins parfait dans les femmes que dans les hommes.

C'est la pensée de S. Basile lors qu'il explique ces paroles, *Dieu les fit à son Image.* Celuy qui a écrit l'histoire de la Genese, dit-il, craignant que l'ignorance ne fist croire que par le mot d'homme il eust voulu

Hom. 10. in Hexam.

seulement entendre le masle, lors qu'il dit que Dieu crea l'homme à son Image, il a mis aussi-tost ensuite, il le fit masle & femelle, tout ce qui peut faire comprendre qu'une creature a esté faite à l'Image de Dieu ne se trouvant pas moins dans la femme que dans l'homme.

Ie croy, dit S. Gregoire de Nysse, que ces paroles, Dieu fit l'homme à son Image, regardent tous les hommes en general, puisqu'en Iesus-Christ, selon l'Apostre, il n'y a ni masle ni femelle. Il faut qu'il y ait en nous deux parties dont l'une a esté destinée pour representer l'Image de Dieu, & l'autre pour estre le sujet de la difference des sexes. Et lors que l'Escriture nous apprend que Dieu a fait l'homme à son Image, cela se doit entendre de la partie divine qui est en nous capable d'intelligence & de raison, & qui ne reçoit point la difference des sexes ; mais nullement de la partie destituée de raison qui est distinguée par le sexe : Et cette gra-

Cap. 26. de opificio.

ce que Dieu nous a faite, regarde toute l'espece en general & également, parce que l'Esprit est en tous de la mesme façon.

Cela fait voir encore la méprise de quelques Theologiens modernes, qui pour rabaisser les femmes ont prétendu qu'elles n'estoient pas les Images de Dieu comme les hommes, & que c'estoit le sentiment de saint Paul. Voicy ses propres mots. *L'homme est l'Image & la gloire de Dieu, & la femme est la gloire de l'homme. Car l'homme ne vient pas de la femme, mais la femme vient de l'homme.* Est-ce là dire que la femme n'est pas l'Image de Dieu? Si elle l'est de l'homme, parce qu'elle vient de luy, elle l'est de Dieu par consequent, comme le sont les enfans quoy qu'ils viennent de leurs peres. L'Apostre ne dit point que la femme soit l'image de l'homme, mais seulement sa gloire, ce qui est bien different. Car elle ne seroit pas pour cela son Image; comme toutes les creatu-

1. Cor. 11. 7.

Preface. 13

res ne sont pas les Images de Dieu, quoy qu'elles soient sa gloire & ses ouvrages.

Que si les femmes ne sont pas les Images de Dieu, parce que la premiere vient de l'homme, il n'y a qu'Adam qui ait esté l'Image de Dieu, parce que tous les autres hommes viennent des femmes. Et si la femme est l'Image de l'homme & moins noble que luy parce qu'elle vient de luy, tous les hommes sont par la mesme raison les Images des femmes, & moins nobles qu'elles.

La raison de tout cela est que l'essence de l'Image ne consiste pas dans la maniere dont elle a esté faitte, mais dans les traits & les caracteres qui la rendent semblable à la chose qu'elle represente. Or les caracteres de la divinité se trouvent dans les femmes comme dans les hommes : pouvant encore arriver comme eux à cette ressemblance d'action qui fait l'éclat du Christianisme, & qui rend les Chrétiens les Images de Dieu par excellence au dessus du reste des hommes, en imitant la sainteté & la perfection de Dieu mesme, c'est-à dire en perfectionnant leur intelligence & leur esprit, en reglant leurs desirs & leurs actions par les maximes que leur propose l'Evangile, & sur le modelle de la conduite de Dieu qu'il leur donne pour exemple de la leur.

Mat. 5. 41.

Dans le sentiment de ceux qui tiennent que c'est par la domination que Dieu nous a donnée sur toutes les choses du monde que nous sommes ses images, les femmes le sont encore aussi parfaitement que nous, Dieu leur ayant donné cette domination aussi entiere & aussi absoluë qu'à nous lors qu'il dit au masle & à la femelle, *rendez-vous maistres de la terre, je vous donne tout ce qu'elle porte, pour vous nourrir & vous conserver.* En effet cét empire, cette domination que nous possedons, n'étant autre chose que le droit & le pouvoir d'user de tous les biens de la terre, pour remplir les besoins que

Gen. 1. 28.

Preface. 15

nous en avons, & ces besoins se trouvant également dans les deux sexes, le droit de s'en servir n'appartient pas plus à l'un qu'à l'autre. Voilà pour ce qu'il y a dans le premier chapitre de la Genese. Passons au second.

DIEU, dit l'Ecriture, ayant transporté le premier homme dans un lieu delicieux pour le cultiver & le garder, & ne trouvant pas bon qu'il fust seul, resolut de luy donner une aide qui lui fust semblable, ou pour mieux dire, une compagne de mesme nature pour l'assister. Et l'ayant endormy d'un profond sommeil, il en tira une coste dont il forma une femme. Et la luy ayant presentée, voilà, dit Adam, un os de mes os, la chair de ma chair, & elle sera appellée d'un nom qui marquera son origine, & qu'elle a esté tirée de l'homme.

<small>Examen du 2. chap. de la Genese. 15. 18. 21. Virago.</small>

On ne voit pas là un mot d'inégalité ni de dépendance. Il est vray qu'Adam a esté créé le premier; mais si c'est un avantage il ne regarde que luy seul, & il est contrebalancé par l'honneur que Dieu fit à Eve de la créer dans le paradis terrestre, le temps & le lieu estant des rapports purement exterieurs qui ne mettent ni ne suppofent aucune excellence dans les choses; autrement les bestes eussent esté plus nobles qu'Adam, leur creation ayant precedé la sienne; les ainées seroient plus excellentes que leurs cadets, les peres & les meres plus excellens que leurs enfans, en un mot tous ceux qui auroient plus d'âge que les autres.

Ce qui fait croire que Dieu a commencé par les masles, comme ayant pour eux plus d'estime que pour les femelles, c'est que l'on juge de sa conduite & de ses veuës par celles des hommes qui aiment & favorisent d'ordinaire les ainez plus que les cadets, & les garçons plus que les filles, quoy que cette preference ne vienne souvent que du caprice & de la coutume.

Que si l'on demande pourquoy donc Dieu a commencé par les hommes plûtost que par les femmes, il faut répondre simplement, qu'il l'a voulu de la sorte, ne nous en ayant point marqué de raison dans l'Ecriture. Car il faut éviter en cette rencontre comme en mille autres la temerité de ceux qui pour authoriser leurs phantaisies, les attribuent à Dieu, en disant qu'il a voulu faire les choses pour les raisons qu'ils se forgent, quand ils n'en trouvent point dans l'Ecriture, soit qu'il y en ait ou non.

De sorte que puisqu'elle ne nous dit point pourquoy Dieu en a usé ainsi, & qu'elle avertit que l'homme & la femme sont les Images de Dieu, sans que nous voyions en cela de difference entr'eux, ne disons point qu'il estime l'un plus que l'autre.

Mais, replique-t-on, non seulement Eve est venuë aprés Adam; elle est encore venuë de luy, ayant esté formée d'une de ses costes. Il est vray. Mais je diray de mesme; Adam a esté créé aprés la bouë, il est sorty de la boüe & du limon de la terre; ainsi la terre & la boüe sont plus nobles que luy. Et si je veux raisonner par convenance, c'est-à-dire, par des raisons imaginaires, je dirai à mon tour, Dieu a créé la premiere femme dans un lieu plus remarquable qu'Adam, & a formé son corps d'une matiere plus dure & plus forte, & mesme plus noble, puis que c'estoit d'une coste d'homme, au lieu qu'Adam n'a esté fait que de boüe, pour nous apprendre que les femmes sont plus excellentes que les hommes. Que répondroient les faiseurs de convenances?

Si ils disent à leur ordinaire, Dieu n'a pas voulu former la femme de la teste de l'homme, de peur qu'elle ne s'égalast à luy, ny de ses pieds, de peur qu'il ne la méprisast trop; mais de son costé, pour luy montrer qu'elle le doit considerer comme son chef & son maistre; une femme les arréteroit tout court, en leur demandant où ils ont pris de si belles raisons; & elle pourroit ajoûter que Dieu a tiré Eve du costé d'Adam, pour leur apprendre qu'ils devoient aller de pair & coste à coste l'un de l'autre. Cela est bien plus naturel ; outre que cela ne regarde qu'Eve, les autres femmes ne devant rien à leurs maris pour leur naissance, & ne prétendant pas estre d'une nature plus parfaitte que leurs enfans, quoy qu'elles contribuent à leur production bien autrement que ne fit Adam à celle de sa femme.

De plus, Eve, telle qu'elle fust pouvoit aussi bien estre créée la premiere, fournir une coste pour son mary, & celuy-cy luy estre donné comme un aide semblable à elle, sans que l'on pust conclure pour cela qu'il fust d'une nature moins excellente, ni que luy & ses descendans deussent estre dans la dépendance des femmes.

La qualité d'aide n'emporte ny dépendance ny inégalité. Les Princes sont les aides de leurs Sujets, & les Sujets le sont de leurs Princes ; nous le sommes tous les uns des autres dans la société ; Dieu mesme est souvent appellé nostre aide & nostre secours ; Adam estoit aide de sa femme, comme elle estoit le sien, & comme les femmes & les hommes le sont reciproquement, estans de mesme nature, & également necessaires l'un à l'autre. Car un homme seul ni une femme seule ne suffisent pas pour produire leurs semblables, selon ce passage, *Il n'est pas bon*, ou *Il ne faut pas que l'homme soit seul, donnons luy une personne semblable à luy*, ou *de mesme nature que luy pour l'assister*. Ainsi c'est sans fondement & sans profit que l'on dit d'ordinaire aux femmes qu'elles sont pour les hommes, puisque les hommes sont pareillement pour elles, n'y ayant qu'Eve au plus que l'on puisse dire avoir esté faite pour son mary, au sens du vulgaire ; outre que c'est l'ordinaire d'avoir une idée plus avantageuse de celuy qui aide que de celuy qui est aidé, parce que celuy-cy a besoin de l'autre, & en dépend dans le secours qu'il reçoit.

Le serpent s'addressant à Eve dans le jardin de delices, pourquoy, luy dit-il, Dieu vous a-t-il deffendu de manger de tous les arbres de ce lieu? Elle luy répondit, qu'ils pouvoient manger de tous, excepté de celuy qui estoit au milieu, sur peine de la mort. Le serpent luy repartit qu'ils ne mourroient point, & que Dieu ne leur avoit fait cette deffense que parce qu'il sçavoit bien qu'aussi-tost qu'ils en auroient mangé, leurs yeux s'ouvriroient, & qu'ils deviendroient comme des Dieux, connoissans le bien & le mal. De sorte que la femme voyant que ce fruit estoit beau, & bon à manger, elle en prit, & en ayant mangé, elle en presenta à son mary qui en mangea pareillement... *Examen du 3. chap. de la Genese. v. 1.*

Aprés cela le Seigneur s'adressant à Eve, luy dit, Ie multiplieray vos peines, vous serez sous la puissance de vostre mary, & il dominera sur vous. *ver. 16.*

Ceux qui se servent des dernieres paroles pour montrer que les femmes sont inferieures aux hommes, & qu'elles leur ont toutes esté assujetties à cause du peché de la premiere, ne sçavent peut-estre pas que ces mots *vous serez sous la puissance de vostre mary & il dominera sur vous*, ne se trouvent que dans la Vulgate, au lieu de quoy les versions faites sur l'Hebreu comme celles de Vatable & de la Polyglotte receuës de tous les sçavans portent ainsi. *Vous enfanterez avec douleur, & cependant vous aurez toûjours un desir qui vous fera rechercher vostre mary.*

Il est encore de la derniere consequéce d'observer que l'Apostre ne s'est point du tout servi de ce passage lorsqu'il exhorte les femmes avec tant de chaleur à demeurer soûmises à leurs maris, ce qui seroit bien plus fort que les raisons qu'il leur propose & que nous examinerons ailleurs.

Quoy que ces deux observations soient assez solides pour renverser entierement le fort de nos adversaires, je veux bien supposer avec eux ce passage tel qu'ils le prennent. Mais je leur demande ce qu'ils en prétendent faire. Montrer que les femmes sont moins parfaittes que nous; l'Ecriture ne dit pas un mot de perfection en cét endroit. Qu'elles sont inferieures & dépendantes; nous avoüons qu'elles le sont. Mais les enfans dépendent de leurs peres & meres; les Sujets de leurs Princes; nous dependons les uns des autres, en sommes-nous moins parfaits? Nullement.

Ce passage ne regarde au plus que les femmes mariées. Que dirons-nous de celles qui ne le sont pas? Et quelque sens qu'on luy donne, comment prouveroit-on qu'il en comprenne d'autres que la premiere à qui il s'adresse uniquement? Il est vray qu'il semble que depuis Adam les masles ont toûjours joüi de la prééminence. Mais il suffit pour cela qu'il leur en ait donné l'exemple, de quelque maniere qu'il l'ait acquife. Et ils l'ont confervée jufques à prefent, comme nous voyons qu'une mefme race fe conferve le fceptre dans un Royaume, pendant qu'il n'arrive point de revolution qui le faffe changer de main.

Venons au fond. Si ces paroles *Vous ferez fous la puiffance de voftre mary* &c. fignifient que les femmes ont efté mifes dans la dépendance des hommes, cela fait pour nous: car il s'enfuit que fans cette condamnation & auparavant, un fexe ne dépendoit point de l'autre; qu'il n'en dépendroit point fans le peché d'Eve, & qu'il n'en dépend prefentement que parce que Dieu l'a ordonné de la forte, non pas à caufe de l'inégalité qui eft entr'eux, mais en punition d'une faute commife par une femme, où un homme eft tombé avec elle, ce qui marque une foibleffe égale. Or felon la maxime du droit, *l'exception confirme la regle.* C'eft-à-dire, que fi les femmes font devenuës dépendantes,

dantes, par un Arrest particulier prononcé contr'elles, il faut conclure qu'elles ne le font point par les regles generales de la nature, puis qu'elles ne le deviennent que par accident & par une loy pretenduë.

Je dis une loy pretenduë, parce que ce n'en est pas une en effet, ce passage *vous serez sous la domination*, &c. n'estant point conçu dans la forme ordinaire des loix divines, qui est d'estre imperatives & accompagnées de menaces contre ceux qui y contreviendront. Celles qui ne se marient point en sont dispensées quoi qu'elles soient de la race & du sexe d'Eve aussi bien que les autres. Combien de Dames qui prenant des maris d'une qualité au dessous de la leur ne leur ont point esté soûmises ? Combien de Princesses, qui bien loin d'être sous la puissance des hommes, ont eu au contraire des Royaumes, des Empires entiers sous la leur, & ont exercé sur les hommes une authorité sans comparaison plus grande que

B

celle que les maris prennent sur leurs femmes ? Elles ne dépendent pas toutes également de leurs maris, les unes plus, les autres moins, selon les climats & les coûtumes, en Europe bien moins qu'en Afrique & en Asie. Ce qui montre bien évidément qu'il n'y a que la coutume & les loix des hommes qui ayent mis les femmes sous leur puissance; & que s'il dépend d'eux, comme on le void, d'étendre & de resserrer cette puissance, il en dépend pareillement de l'abolir tout à fait, sans contrevenir en cela aux ordres de Dieu.

CEUX qui soûtiennent que la premiere femme a esté assujettie à son mary en punition de son peché, ne prennent pas garde que leur opinion est encore sujette à des inconveniens qui combattent directement l'idée que l'Ecriture nous donne de la justice de Dieu, en nous apprenant qu'il punit les hommes à proprotion du mal qu'ils commettent, en sorte que le plus criminel reçoit toûjours le châtiment le plus rigoureux.

ON ne peut pas nier qu'Eve ne fuſt moins coupable qu'Adam. Elle eſtoit femme, & par conſequent plus foible, ſelon l'opinion commune, & & ainſi plus excuſable. Ce n'eſtoit point elle, mais Adam qui avoit receu de Dieu la deffenſe. Elle reſiſta au demon, & Adam ne reſiſta point. C'eſt pourquoy le premier peché eſt imputé à Adam par les Theologiens. Ce fut à luy que Dieu s'adreſſa d'abord aprés ſa chutte, ce fut luy qu'il railla d'une maniere ſi piquante, lors que l'ayant reveſtu d'une peau, il luy dit, *Voilà Adam qui eſt devenu ſemblable à nous.* Et il ſemble que ce n'a eſté qu'à cauſe de luy que ſa compagne fut chaſſée du paradis terreſtre, l'Ecriture ne nommant que luy dans cette ſortie. *De peur qu'Adam ne mange encore de l'Arbre de vie, & qu'il ne vive éternellement, Dieu le fit ſortir du jardin de volupté.*

Gen. 3.

Cependant Eve euſt eſté la plus malheureuſe, puis qu'outre la neceſſité de mourir qui luy eſtoit devenuë commune avec Adam, elle euſt encore perdu ſa liberté, en paſſant ſous ſa puiſſance. Car c'eſt ainſi que le vulgaire conçoit la dépendance.

Adam au contraire, euſt eſté comme recompenſé de ſa deſobeïſſance, & euſt eu ſujet de s'en réjouïr, voyant qu'il acqueroit ainſi le droit de dominer ſur une perſonne qui eſtoit ſon égale auparavãt. Et il n'eſt gueres vray-ſemblable que Dieu luy ait donné un avantage dont l'uſage demande beaucoup de ſageſſe & de raiſon, au moment qu'il venoit de pecher ſi honteuſement contre l'une & l'autre.

Cela montre encore que c'eſt une illuſion d'enfant, de dire que le Diable s'eſt adreſſé d'abord à Eve comme à la plus foible. C'eſt luy attribuer noſtre préjugé, comme nous l'attribuons à Dieu dans les deſſeins que nous nous imaginons qu'il a eus.

MAIS encore, en quoy conſiſte cette domination qu'il a donnée au premier homme & à ſes deſcendans?

La domination est proprement le pouvoir & le droit que nous avons de faire servir une chose à toute sorte d'usages. Comment montreroit-on qu'Adam estoit plus maistre de sa femme par l'ordre de Dieu, que sa femme n'estoit maistresse de luy? nous ne sommes maistres que de deux choses, de nous mesmes & des biens exterieurs qui nous sont necessaires pour la conservation de la vie, parce que nous ne possedons que cela. Or tous les Sages ont reconnu avec S. Paul que le mary & la femme ont un pouvoir reciproque sur la personne l'un de l'autre. Et l'Ecriture ne nous dit point qu'Eve soit déchuë non plus que son mary de l'empire que Dieu leur avoit donné conjointement sur tous les biens de la terre, ni qu'elle fust obligée de dépendre de luy dans l'usage de ces biens-là. Les femmes parmy nous ne dependent pas non plus en cela de leurs maris, mais seulement dans la dispensation du bien de la communauté; encore selon les conventions particulieres, & plus ou moins selon les pays & les Coûtumes differentes.

LE mot de domination emporte une authorité pareille, 1º A celle que Dieu possede sur les creatures, lors que l'Ecriture dit qu'il en est le Seigneur, c'est-à-dire, qu'il a un domaine absolu sur elles. 2º A celle que les hommes ont sur les animaux, & qui est marquée par ces paroles, *Dominez sur les poissons*, &c. 3º A celle que les Princes de la terre exercent sur leurs sujets, & que Jesus-Christ entendoit lors qu'il deffendit à ses Apostres de vouloir dominer comme les Princes. 4º A celle que les maistres ont sur leurs esclaves, leurs vallets, & leurs vassaux, quand on les appelle Seigneurs. Or comme d'un costé on ne peut montrer à quoy Dieu a reduit cette domination pretenduë des maris, & que de l'autre costé il seroit ridicule de vouloir qu'elle fust semblable à celle de Dieu sur ses creatures; des Princes sur leurs

Dominus.

Domini.

sujets, des maistres sur leurs esclaves, des peres & des meres sur leurs enfans, on a lieu de conclure qu'ils n'en ont point d'autre que celle qu'ils se veulent attribuer.

POUR l'éclaircissement des difficultez qu'on peut avoir là dessus, il est bon de remarquer qu'il y a deux sortes de superiorité, l'une de volonté & de puissance quand on peut obliger les autres à faire ce que l'on veut ; l'autre, d'esprit & de lumiere, lors que l'on en a assez pour la conduite d'autruy. Pour ce qui est de la premiere, il n'y a proprement que Dieu qui la possede, parce qu'il est le seul Souverain, duquel nous dépendons tous sans exception. Et ce qui est cause qu'un homme n'est point soûmis naturellement à la volonté d'un autre homme, c'est que leur volonté estant également étenduë, interessée & aveugle, & ayans tous un droit égal sur toutes choses, il n'y a pas de raison pourquoy l'un dépendroit plûtost que l'autre. Ainsi les femmes sont

B iiij

autant exemptes que nous de cette domination de volonté, puis qu'elle leur appartient autant qu'à nous; si ce n'est que quittant la raison pour employer la force, en quoy nous pourrions les surpasser, nous voulussions les assujettir, comme on assujettit les bestes.

QUANT à la superiorité de lumiere & d'esprit, la nature ne l'a pas mise en un sexe plûtost qu'en l'autre, puis que les hommes en venant au monde n'apportent pas plus de disposition pour les sciences que les femes.

OR bien loin de croire que Dieu ait donné aux masles la superiorité de puissance & d'empire, nous ne la concevons en Dieu mesme que parce qu'elle est jointe en luy à une souveraine sagesse qui ne nous permet pas de penser qu'il puisse rien vouloir que sagement : mais elle ne se trouve jamais toute seule dans les hommes sans desordre ni injustice ; l'authorité mesme des Princes n'estant raisonnable & legitime que quand elle est accompagnée de sagesse & de prudence, & qu'ils employent la force pour ramener à la raison ceux qui s'en sont écartez.

OR comme il n'est pas permis aux hommes d'employer la force à l'égard de leurs femmes, n'y ayant guere d'Etat bien policé où les voyes de fait ne soient deffenduës, toute nostre authorité naturelle se reduit au pouvoir de la raison, & appartient également aux deux sexes. Et cela est tres-aisé à comprendre, si l'on observe que l'authorité publique & particuliere n'a pour but que de declarer à ceux qui y sont soûmis, ce que la raison veut qu'ils fassent, & nullement de les assujettir à la volonté de ceux qui le font connoistre, n'étans que les organes de la raison. C'est pourquoy lors que nous sommes capables de raison, & que les commandemens que l'on nous fait y sont conformes, ce n'est pas à celuy qui commande que nous obeïssons, c'est à nostre propre raison qui est avertie de son devoir, & nous devons agir en ces rencontres, comme si en meditant sur nostre devoir, ce que nous sommes obligez de faire nous estoit venu dans l'esprit. Aussi les sages ne reconnoissent que la raison au dessus d'eux : Et lors qu'ils obeissent à ce qu'on leur ordonne, s'il y a de la raison, c'est à la raison qu'ils obeissent; & s'il n'y a point de raison, en obeissant ils ne laissent pas de suivre la raison qui leur fait entendre la necessité qu'il y a de ceder à la coûtume & au plus fort, & de s'accommoder à la foiblesse d'autruy.

SELON ce principe, mettant la coûtume à part, les hommes & les femmes sont également sous la puissance l'un de l'autre, une femme pouvant gouverner son mary, comme un mary peut gouverner sa femme. Car si celle-cy est obligée de se soûmettre à la raison quand son mary la luy propose, le mary n'est pas moins indispensablement obligé d'écouter la raison quand elle luy parle par la bouche de sa femme. Toute autre authorité entr'eux est tyrannique & usurpée quand elle va plus loin que les loix humaines bien équitables & bien entenduës ne le permettent.

CES reflexions peuvent estre appuyées du témoignage de plusieurs Peres de l'Eglise sur le sujet de la domination.

Celuy qui s'attribuë ce qui n'appartient qu'à Dieu seul, dit S. Gregoire de Nysse, *& qui s'imagine que nostre sexe a droit & pouvoir de dominer sur les femmes, est un homme qui veut s'élever par orgüeil au dessus de la nature, & se considere luy-mesme, comme s'il estoit d'une autre nature que ceux qui sont dans la sujettion. Vous condamnez l'homme à estre dans la servitude & dans l'assujettissement, luy que la nature a rendu libre & maistre de luy-mesme. Vous portez une loy contraire au dessein de Dieu en détruisant ainsi la loy naturelle qu'il a luy-mesme établie, & c'est en quelque façon vous opposer au*

Temoignages des PP. de l'Eglise sur le sujet de la domination dans le mariage. Homil. 4. sur l'Ecclesiaste.

commandement qu'il a fait, que de vouloir mettre sous le joug ceux qu'il a créez pour estre les Seigneurs de la terre. Avez-vous oublié les bornes qu'il a données à vostre puissance, & ne vous souvenez-vous plus que vôtre empire se termine à estre le maître des bestes ? Qu'ils commandent, dit l'Ecriture, aux oiseaux, aux poissons, & aux bestes à quatre pieds. Vous ne songez donc pas que vous vous élevez au dessus des personnes qui sont libres de leur nature, sans vous souvenir de ce qui vous a esté assujetti ? Vous reünissez au rang des bestes & des insectes mesmes ce qui est de mesme nature que vous. Quand l'Ecriture s'écrie par la bouche du Prophete, Vous avez tout assujetti à l'homme, elle entend ce qui est au dessous de la raison, comme les bœufs. Il n'y a donc que les bestes qui estant privées de raison doivent estre dans la servitude à l'égard de l'homme. Quand une chose vient en vostre puissance, il ne vous arrive qu'un nouveau nom; la puissance n'ajoûte rien à la nature, ni durée ni privilege. Vous qui estes le Seigneur & le maître des autres, & ceux dont vous estes le maistre, vous venez au monde & y vivez tous de la mesme façon, & estes également sujets aux passions de l'ame & aux alterations du corps. Dites moi donc, conclud ce Pere, vous qui demeurez toûjours homme, & qui estes égal aux autres en tout, en quoy pretendez-vous avoir assez d'avantage pour en vouloir estre le maistre & le Seigneur absolu.

SAINT Gregoire de Nazianze en accusant les hommes d'injustice d'avoir fait une loy qui leur estoit favorable, & qui ne l'estoit point aux femmes, témoigne assez qu'il n'approuvoit pas le droit de dominer qu'ils s'attribuent, & sur lequel est fondé la conduitte qu'il condamne. *Ie voy, dit-il, que la pluspart des hommes sont mal affectez à l'égard des femmes & que la loy qu'ils ont faite est injuste & ne se sçauroit soûtenir. Car*

[marginal note: Discours 31.]

pourquoy retenir les femmes dans la contrainte, pendant que l'on favorise les maris & qu'on les laisse en liberté.. Ie ne sçaurois approuver cette coûtume ni cette loy, & je ne m'étonne pas qu'elle soit desavantageuse aux femmes : ce sont les hommes qui l'ont faite. Ils ont mis les enfans sous la puissance de leurs peres, mais Dieu a fait autrement. Honnorez, dit-il, vostre pere & vostre mere si vous voulez estre heureux, & que celuy qui les aura outragez de paroles soit mis à mort. Vous voyez l'égalité que la loy mesme établit. En effet l'homme & la femme ont le mesme Createur. Ils ne font tous deux qu'une mesme Image de Dieu, ils ont une mesme loy, une mesme mort, une mesme resurrection. Comme nous tirons également nostre naissance de l'homme & de la femme, nous sommes obligez aux mesmes devoirs envers nos peres & nos meres. Puis donc qu'ils ont les mesmes avantages & les mesmes honneurs dans le mariage, pourquoy la loy que *vous faites ne leur est-elle pas également avantageuse?*

ON peut tirer la mesme conclusion des principes de S. Gregoire le Grand. *Il y a*, dit-il, *naturellement une égalité entre les hommes, & nous lisons dans l'Ecriture que Dieu dit à Noé, aprés le deluge, qu'il se fasse craindre des animaux. Il ne dit pas, que l'homme se fasse craindre de l'homme, mais des animaux, parce que c'est s'élever dans un orgueil qui est contre la nature que de se vouloir rendre redoutable à celuy qui nous est égal. Il est neanmoins necessaire que ceux qui commandent soient craints de ceux qui leur obeïssent.* (il parle des Princes & des Magistrats) *Mais c'est seulement lors qu'ils ne craignent point Dieu, afin que ceux qui ne sont pas détournez de pecher par la crainte des jugemens de Dieu, le soient au moins par celle des hommes. Et lors que ceux qui commandent se font craindre des méchans, on peut dire selon ce premier*

Pastoral. 2. par. c. 6.

ordre de Dieu, qu'ils ne dominent pas tant sur les hommes que sur les animaux, puis qu'ils ne se rendent redoutables qu'à ceux qui par le dereglement de leur vie passent en quelque sorte de la nature & de la condition des hommes à celle des bestes.

SELON ces principes, la domination est contre la nature; le pouvoir de se faire craindre & obeïr, qui est ce que l'on entend par domination, n'est fondé que sur le dereglement, & n'ajoûte qu'un nom nouveau à celuy qui en est revêtu. Or les femmes n'estant pas plus sujettes au dereglement que les hommes, elles ont autant de droict qu'eux de dominer, si ce n'est que les loix & la coûtume les en empêchent. Et pour montrer aux maris qu'ils sont obligez de se soumettre à elles quand elles ont raison, on peut se servir du passage que S. Jerosme employe pour prouver l'égalité. *Ecoutez*, dit le Seigneur à Abraham, *ce que Sara vostre femme vous dira, & faites-le.*

Genese. 12. 12.

Preface. 41

CETTE égalité de domination, ou plûtost cette independance mutuelle dans le mariage, est encore tres-facile à établir dans le principe de S. Augustin, qui pretend que l'homme ne doit mettre au dessus de soy que Dieu seul, qui est la verité mesme, & la souveraine raison par laquelle il se doit conduire. Selon quoy les femmes ne sont obligées de se soûmettre aux hommes que lors qu'elles reconnoissent en eux cette souveraine raison, ou bien lors que cette mesme raison leur fait connoître qu'elles doivent avoir de la complaisance pour un mary déraisonnable, & luy ceder par la loy du plus fort.

Ceux qui ne considerent les societez humaines que par la superficie, ont de la peine à concevoir dans le mariage cette égalité de puissance, parce que regardant cette petite societé comme celles qui sont composées d'un grand nombre de personnes, ils se figurent que la subordination,

La subordination, la dependance, le commandement, ne sont point des suittes necessaires du mariage, &c.

la dépendance, le droit de commander y sont d'une pareille necessité, faute d'avoir bien observé pourquoy ces choses-là se rencontrent dans les grandes societez.

Il est aisé de comprendre que si les hommes vouloient joüir absolument du droit que la nature leur donne sur toutes choses, ils seroient dans une guerre continuelle. C'est ce qui les oblige à se soûmettre à des loix & à des Souverains, qui ont le pouvoir de regler le droit, & l'usage des biens, pour les maintenir en paix, & qui communiquent à plusieurs personnes qui leur sont subordonnées l'authorité qu'ils ne peuvent pas exercer tous seuls.

Cela fait voir que la crainte du trouble dans ce que l'on peut posseder est le premier motif de la societé civile, que la subordination & la dependance sont fondées sur le nombre des personnes liées ensemble, sur la multiplicité des devoirs, sur ce que ceux que l'on employe ne sçavent pas toûjours ce qu'ils ont à faire, & que l'on a lieu d'apprehender la confusion & le desordre.

Ainsi l'authorité, le droit de commander suppose du moins trois personnes, dont l'une se puisse joindre à l'autre pour contraindre la troisieme à demeurer dans le devoir: & ce droit n'appartient naturellement à aucun plus qu'à l'autre, puis qu'il consiste dans la soûmission volontaire de ceux qui le donnent, à celuy qui en est revétu.

Mais pour ce qui est de la societé du mariage, elle n'est composée que de deux personnes, dont l'une par consequent ne peut user de commandement & de contrainte à l'égard de l'autre. Cette societé n'est point établie sur la crainte, mais sur l'amour. L'homme & la femme ne se recherchent point par l'apprehension que l'un nuise à l'autre, pour la possession d'un bien étranger; mais pour satisfaire par la possession de leurs propres personnes, un desir qui bannit toutes les craintes ; qui leur donne l'un pour l'autre tous les regards de la plus parfaite amitié, & qui peut estre absolument satisfait, sans entrer en aucun engagement capable de mettre de la division entre eux. Lors qu'ils conviennent de vivre ensemble c'est de pure volonté & dans un âge où ils peuvent avoir autant de raison & d'experience l'un que l'autre. Quand les femmes en auroient moins, le Contract qu'elles font estant tres-libre, les hommes n'ont de pouvoir qu'autant qu'elles leur en veulent ceder. Je mets toûjours à part la coûtume. Ainsi l'authorité, le commandement & la puissance sur le corps & sur les biens est aussi grande dans la femme que dans l'homme : Et comme ils ne sont que deux, leurs devoirs sont fort limitez, faciles à connoistre ; & il ne doit y avoir entr'eux pas plus de subordination & de dépendance qu'entre deux amis raisonnables qui s'entr'avertissent de ce qu'ils ont à faire. De sorte que l'on peut fort bien conclure que les femmes ne dependent des hommes que par les loix qu'ils ont faites pour leur avantage particulier.

C'EST ce que Dieu voulut faire entendre à Eve lors qu'il luy dit qu'elle alloit estre sous la puissance de son mary, l'avertissant par ces paroles que le peché auquel elle avoit eu part, le deregleroit tellement que sans se soucier de l'égalité qui estoit entr'eux, il prendroit sujet d'exercer sur elle un empire de domination. C'est là en effet le seul sens raisonnable & digne de l'Ecriture que l'on puisse donner à ce passage, que nous avons supposé pour vray, *vous serez sous la puissance de vostre mary*, &c. car ne pouvant signifier ny une loy positive, ny une punition formelle, comme nous l'avons montré, il faut que ce soit la prediction d'un malheur, qui peut neanmoins passer pour une peine imposée ; Dieu l'ayant prévû d'une façon particuliere. Et il n'y a pas plus de raison de dire que Dieu ait donné par là quelqu'authorité aux maris, que de dire qu'il ait donné aux Rois d'Israël tous les avantages marquez dans l'Histoire sainte; où il est certain que Dieu en declarant au peuple ce que les Roys qu'il demandoit contre sa volonté, ne manqueroient pas d'entreprendre, n'avoit nul dessein d'établir leurs droits, ny d'authoriser leurs entreprises.

Reg. l. 1. c. 8.

CE passage peut estre encore entendu à proportion comme celuy du mesme chapitre de la Genese, où Dieu dit à Adam qu'il mangeroit son pain à la sueur de son visage; puis qu'il ne comprend pas tous les hommes, mais seulement ceux qui auroient le malheur de naistre pauvres, & qu'il avertissoit Adam de ce qui luy alloit arriver, lors qu'ayant esté banni du lieu de delices où il eust trouvé sans peine ce qui luy estoit necessaire, il entreroit dans une terre sterile & ingrate qui ne luy fourniroit aprés beaucoup de travaux & de sueurs, que ce qui pourroit luy servir

Preface. 47

à entretenir sa vie durant quelque temps. Enfin si le dereglement des hommes a bien pû les porter à vouloir dominer sur les hommes, & à convertir presque toûjours en tyrannie l'authorité qu'ils ont euë entre les mains, on ne doit pas s'étonner qu'ayant eu à vivre toûjours avec les femmes, ils se soient servis de toute sorte de moyens & d'occasions pour en devenir & en demeurer les maistres.

DE la maniere dont on parle de S. Paul, quand il s'agit des femmes, on croiroit qu'il a fait un traitté exprés contre l'égalité des sexes. Il est vray qu'en plusieurs endroits il exhorte les femmes à estre soûmises à leurs maris, mais il ne dit nulle part qu'elles le doivent en consideration de leur sexe ou d'une loy divine, ce qu'il n'eust pas manqué de faire, comme estant le moyen le plus propre à son dessein. Voicy ses propres termes. *Femmes, demeurez soûmises à vos maris comme vous le devez dans le Seigneur.* . . . . .

Examen des passages de S. Paul dont on se sert contre les femmes.

Coloss. 3l

Iesus-Christ est le chef de tous les hommes, l'homme est le chef de la femme, & Dieu est le chef de Iesus-Christ. Que les femmes soient soûmises à Iesus-Christ comme à Dieu, parce que le mary est le chef de la femme, comme Iesus-Christ est le chef de l'Eglise, qui est son corps dont il est le Sauveur. Comme donc l'Eglise est soûmise à Iesus-Christ, les femmes aussi doivent estre soûmises en tout à leurs maris. Y a-t-il là un seul mot d'inégalité & de dependance naturelle?

Le dessein de l'Apostre n'estoit pas de prouver aux femmes qu'elles devoient estre dans la soûmission, puis qu'elles y estoient déja, & qu'elles ne songeoient point à en sortir; mais seulement de les y entretenir par les motifs & les exemples qu'il leur propose; de mesme qu'en exhortant les hommes, les sujets, les esclaves à conserver la paix dans la dependance où ils sont, il ne pretend pas montrer qu'ils y doivent estre, mais simplement qu'ils doivent y demeurer

&

& s'y sanctifier par leur obeïssance. Or comme il ne s'ensuit pas que la sujettion & l'esclavage soient de Droit divin, à cause que S. Paul exhorte ceux qui y sont, à s'y tenir en paix, il ne faut pas conclure aussi qu'il ait crû que la soûmission des femmes fust de cette nature, quoy qu'il les y exhorte fortement. Cela paroistra encore plus clair si l'on prend garde qu'au mesme endroit il declare qu'il n'y a ny masle ny femelle, ny Juif, ny Gentil, ny esclave à l'égard de Dieu comme s'il vouloit dire que toutes ces differences n'ont lieu que dans l'opinion des hommes, & que Dieu qui ne fait acceptation de personne, ne regarde point les differentes conditions, mais seulement la maniere dont chacun accomplit dans la sienne la loy de la charité.

Col. f. 3. 11.

J'avouë que S. Paul dit que l'homme est le chef de la femme, mais il ne dit pas que c'est par une prérogative du sexe; cette qualité luy pouvant convenir comme à tous ceux

C

qui ont le premier rang dans quelque compagnie, où ils ont esté élevez par élection ou autrement. Et de mesme que le titre de chef en Jesus-Christ ne suppose pas que selon l'humanité il fust d'une nature plus excellente que les autres hommes, selon ces paroles de l'Epistre aux Hebreux, *Nous avons un Pontife qui nous est semblable en tout*, Il ne suppose pas non plus que les masles qui en jouïssent soient plus parfaits que les femelles.

<small>Heb. c. 4.</small>

Disons donc avec S. Jean Chrysostome, *il faut entendre autrement que le vulgaire ce passage de S. Paul, femmes soyez soûmises à vos maris*. Car s'il eust voulu marquer par ces paroles l'empire & la sujettion, il eust apporté l'exemple de l'esclave & du Seigneur. Quoy que la femme nous soit soûmise, c'est neantmoins comme une femme, c'est-à-dire, comme une creature laquelle est aussi libre & aussi digne d'estime & d'honneur que nous.

<small>Sur l'Epistre aux Corinth.</small>

Et afin que les hommes ne tirent pas trop d'avantage de la comparaison que fait l'Apostre de leur mariage avec celuy de Jesus-Christ & de l'Eglise, ils doivent prendre garde à deux choses. La premiere, que le dessein de S. Paul est uniquement de proposer aux personnes mariées le plus excellent modelle qu'ils puissent imiter dans leur union en exhortant les maris à traitter leurs femmes comme Jesus-Christ a traitté l'Eglise, & les femmes à se soûmettre à leurs maris, à proportion comme l'Eglise est soûmise à Jesus-Christ. L'autre chose est que la qualité de chef ne convient aux maris en aucune des manieres dont elle appartient à Jesus-Christ.

JESUS-CHRIST est le chef de l'Eglise, comme y ayant esté destiné de Dieu, & s'estant sacrifié pour elle. Il en est le chef, mais un chef spirituel, qui ne s'est point attribué d'autre authorité sur la terre, que celle d'enseigner la verité & la vertu, &

d'y marcher le premier pour nous en donner l'exemple ; qui bien loin de vouloir exercer quelque empire, a declaré que son Royaume n'estoit point de ce monde, & a deffendu à ses disciples d'exercer de domination sur leurs freres, en les avertissant que toute leur grandeur consistoit dans leur abaissement, & que celuy qui voudroit estre le premier & le plus grand, se devoit rendre le plus petit & le dernier. Ainsi la subordination de l'Eglise à l'égard de Jesus-Christ, n'est point une subordination d'empire & de commandement, mais une subordination de verité, de raison & de charité.

IL en est bien autrement des maris. Ils se sont approprié la prééminence qu'ils possedent. Leur authorité est une authorité de rigueur, de domination, d'interest & d'orgœüil qu'ils n'ont établie & maintenuë que pour mieux satisfaire leurs passions, n'estans pas moins sujets à l'ignorance & au desordre que celles qu'ils ont

Preface.

assujetties ; enfin cette authorité est un avantage que le dereglement leur a acquise & que la coûtume & les loix leur conservent. Afin donc qu'ils soient dignes de la qualité de chefs, à l'égard de Dieu, il faut qu'ils la meritent par des qualitez si approchantes de celles de Jesus-Christ, que les femmes n'y puissent atteindre.

IL est vray que Jesus-Christ n'est point soûmis à l'Eglise comme nous avons fait voir que les maris le doivent estre aux femmes, en ce qui concerne l'esprit. Mais la raison de cette difference est évidente. Non seulement Jesus-Christ a esté envoyé de Dieu pour former, pour instruire & pour gouverner l'Eglise ; mais encore il a toûjours eu & conservé les caracteres & les talens dont il avoit esté revêtu pour cela. Les hommes au contraire nonobstant les avantages de l'éducation dont la coûtume les favorise, sont du moins autant remplis d'aveuglement & de defauts que les femmes. Et c'est cela mesme qui les devroit convaincre de la vanité de leur pretention, n'estant pas vray-semblable que si Dieu les avoit établis plûtost que les femmes pour avoir la conduitte des familles, il leur eust denié ce qui leur est si necessaire pour s'en acquitter dignement: n'y ayant point de meilleure preuve qu'un homme n'a pas esté appellé de Dieu à un estat, que lors qu'il n'y vit pas comme il doit, ce qui n'est que trop ordinaire aux hommes dans le mariage & ailleurs.

VOICY un autre passage de S. Paul, que l'on nous oppose encore. *Tout homme qui prie ou prophetise, la teste couverte, deshonnore sa teste; & toute femme qui prie, la teste découverte, la deshonnore aussi. L'homme ne doit point couvrir sa teste, parce qu'il est l'Image & la gloire de Dieu, & que la femme est la gloire de l'homme. Car l'homme n'a pas esté tiré de la femme, mais la femme a esté tirée de l'homme; & l'homme n'a pas esté*

1. Cor. 11. 4

créé pour la femme, mais la femme pour l'homme; ainsi elle doit avoir un voile sur la teste. Cela ne nous fait ni bien ni mal. Du temps de S. Paul & dans son païs, les hommes avoient la teste découverte en priant Dieu. Les femmes au contraire l'avoient toûjours couverte d'un voile, particulierement lors qu'elles paroissoient en public, pour marque de dépendance, de delicatesse ou autrement. S. Paul qui approuvoit cette pratique qui s'est abolie en plusieurs endroits comme estant arbitraire, cherche une convenance pour l'appuyer. D'un costé il dit que les femmes deshonnorent leur teste en se tenant découvertes. Cela est en effet quand l'usage y est contraire, mesme à l'égard des hommes, qui pechent contre la bienseance en se découvrant, dans les rencontres & dans les païs où cela ne se pratique pas. Et d'un autre costé il dit que l'homme est l'Image & la gloire de Dieu, parce qu'il a esté créé le premier, & que la femme est la gloire de l'homme, parce qu'elle a esté créée pour l'homme. Il ne dit pas qu'elle n'est point l'Image de Dieu, autrement il parleroit contre l'Ecriture mesme. Il ne dit pas qu'elle soit moins parfaite que l'homme; il dit qu'elle a esté faite pour l'homme, & conclud de là simplement qu'elle est en quelque sorte l'Image & la gloire de l'homme, & non pas qu'elle ne luy est point égale, ni qu'elle luy doive estre soûmise. Et comme s'il eust apprehendé que les hommes ne prissent de là occasion de s'élever comme ils font; aprés avoir dit que la femme a esté faite pour l'homme, il ajoûte, *neanmoins l'homme n'est point sans la femme, ni la femme sans l'homme à l'égard du Seigneur: car de mesme que la femme vient de l'homme, l'homme pareillement vient de la femme, & tout vient de Dieu.* Où il est manifeste que S. Paul reünit les deux sexes à l'égard de Dieu, bien loin de les diviser par une différence imaginaire.

Preface.

Et pour terminer par ses propres paroles toutes les difficultez que l'on pourroit avoir sur la distinction de la nature & de la coûtume, il est important d'observer qu'il dit dans le mesme chapitre que la nature enseigne aux femmes à se tenir la teste couverte, & que c'est pour cela qu'elle leur a donné des cheveux ; comme s'ils n'avoient pas esté donnez aux hommes pour la mesme fin. On voit donc bien qu'il a pris une longue coûtume pour la nature. Et ce qui montre invinciblement qu'il ne s'appuyoit pas beaucoup sur toutes les convenances qu'il employoit, particulierement sur celle qu'il tire de l'ordre de la naissance d'Eve & d'Adam, Voicy les paroles par lesquelles il finit. *Si quelqu'un veut contester sur cela, il nous suffit de repondre que ce n'est point là nostre coûtume.* Ainsi ce dernier passage ne fait rien du tout à nostre sujet non plus que l'autre.

v. 16.

CELUY que l'on tire de S. Pierre ne nous incommode gueres davantage. Voicy les termes. *C'est ainsi que les saintes femmes qui ont esperé en Dieu se paroient autrefois estant soûmises à leurs maris; comme faisoit Sara qui obeïssoit à Abraham l'appellant son Seigneur : Sara, dis-je, dont vous estes devenuës les filles en imitant sa bonne vie. Et vous de mesme, maris vivez sagement avec vos femmes, rendant honneur à leur sexe qui est plus foible, ou comme estant des vases plus fragiles.* Donc, dit-on, selon S. Pierre les femmes doivent obeïr à leurs maris comme à leurs Seigneurs, & comme à des personnes qui ont droit de dominer sur elles, parce qu'elles sont plus foibles & par consequent moins capables de gouverner.

NOUS ne pretendons pas que les femmes soient dispensées de soûmission & d'obeïssance, quand elles la doivent, les hommes mesmes n'en sont pas exempts entr'eux. Mais on ne doit pas dire pour cela que ceux qui sont soûmis soient moins parfaits que ceux qui ne le sont pas, & que l'on traitte de Maistres, de Seigneurs & de Princes. Le mot de *Seigneur* est aussi souvent un terme de civilité que de dependance. Si les femmes traittent leurs maris, de Seigneurs & de Maistres; les maris appellent aussi fort souvent leurs propres femmes, Dames & Maistresses. Sara appelloit Abraham, Monsieur; & Abraham l'appelloit aussi, Madame: car Sarai signifie Madame & ma Princesse. Elle luy obeïssoit avec soûmission; & il receut ordre de Dieu de luy obeïr aussi, *Ecoutez tout ce qu'elle vous dira, & faites-le.* Gen. 21. 12.

LES femmes sont un vaisseau plus infirme: Soit. Mais comme disent les Peres que nous avons citez cy-dessus, cette infirmité, ou plûtost cette delicatesse n'est que dans le corps, & nullement dans l'esprit. Car le mot de vaisseau ne signifie là que le corps comme dans S. Paul. Or la raison & l'experience nous apprennent que pour eſtre delicat, l'on n'en eſt pas moins ſpirituel ni moins raiſonnable; & que ceux qui ont plus de force, n'ont pas toûjours plus d'eſprit, plus de genie, ny plus d'adreſſe. La force d'eſprit conſiſte dans des connoiſſances claires & diſtinctes, & dans une forte perſuaſion des choſes que l'on ſçait; dequoy les femmes & tous ceux qui ont le corps delicat, ne ſont pas moins capables que les autres.

Pourquoy Dieu a preferé les maſles aux femelles, à l'égard des emplois publics.

Les fauſſes idées que nous prenons dans le monde, des Dignitez & des Emplois, donnent lieu à une difficulté aſſez ſpecieuſe, mais auſſi facile à reſoudre que les autres. Les hommes accoûtumez à regarder les grands emplois avec des ſentimens d'eſtime & ſouvent meſme avec admiration; parce que l'on y poſſede ordinairement les objets qui flattent la cupidité, ne manquent jamais d'y attacher l'idée qu'ils ont d'excellence & de nobleſſe, & de conſiderer ceux qui les rempliſſent comme ſuperieurs en merite, aussi bien qu'en honneurs & en richesses. De sorte que comme ils jugent de Dieu par eux mesmes, ils luy donnent les mesmes regards qu'ils ont pour ceux qui sont élevez au dessus du commun, & s'imaginent qu'il a preferé les masles aux femelles dans les Employs Ecclesiastiques & Civils, par une estime particuliere qu'il a pour nostre sexe, & que cette estime est fondée sur la consideration des talens avantageux, dont il luy a plû l'honnorer, & qui le rendent sans comparaison plus capable des grandes choses que les femmes.

Je ne sçay mesme si le prejugé du langage ne contribuë point à cette opinion, & si les masles ne croyent pas aussi qu'ils approchent plus de Dieu & qu'ils en sont plus estimez parce qu'ils le font parler comme eux, en disant qu'il est Roy, Seigneur, pere, &c. & non pas Reine, Dame, mere, &c. Les peintres y ont peut-estre aussi beaucoup servi par leurs images. A force de voir Dieu representé sous la figure d'un homme, on s'accoûtume à le concevoir comme ayant quelque chose qui en approche. Il y a bien d'autres tours d'imagination dont peu de gens s'apperçoivent & dont nous sommes les Dupes.

QUOY qu'il en soit, pour corriger ce qu'il y a d'erronée dans l'opinion que l'on a des employs & de la grandeur du monde, il n'y a qu'à considerer qu'ils ne sont autre chose que certains regards ou certains estats exterieurs établis par les hommes, & qui ne donnent qu'un nom nouveau à ceux qui en sont revêtus, sans les faire changer de nature, ny demander qu'ils soient d'un esprit plus excellent que les autres, mais seulement qu'ils ayent acquis les talens necessaires pour en faire bien les fonctions. On les appelle quelquefois des dignitez, non pas que ceux qui les possedent en soient plus dignes que d'autres, mais parce que l'on n'y devroit élever que ceux qui ont plus de merite : Et l'on a eu raison de les nommer des rangs & des places honnorables, pour montrer que ceux qui y entrent ne font que changer de situation, & que si l'on retranchoit les honneurs & les émolumens qui les accompagnent, les plus grandes & les plus hautes reviendroient au niveau des plus petites & des plus basses. Enfin si l'on fait reflexion que c'est presque toûjours la naissance, le bien & la fortune qui y font monter, & que tout le merite qui y est necessaire est un effet de l'éducation ; on trouvera que c'est une illusion de moins estimer les femmes que les hommes parce qu'elles n'y ont point de part.

POUR ce qui est de l'Ecriture, bien loin de nous porter à croire que les dignitez rendent les hommes plus agreables à Dieu, elle nous avertit au contraire que les honneurs, l'authorité, la science & les richesses ne sont que neant & vanité devant luy, si elles ne sont soûtenuës par la vertu qui fait toute seule la vraye noblesse de l'ame à son égard. Il ne regarde point si l'on est masle ou femelle, riche ou pauvre, Prince ou sujet, mais si l'on est juste ou pecheur, qui sont les deux seules differences sur lesquelles il estime & juge les hommes. Ce qui nous donne le premier rang dans le monde, nous donne quelquefois le dernier auprés de luy. On peut chasser les demons, faire des miraracles, estre Roy, Prophete, Sacrificateur, en un mot posseder tout ce qui attire l'estime & l'admiration des hommes, & estre l'objet de la haine & de l'abomination de Dieu.

C'est estre Roy à ses yeux que de le faire regner en nous-mesmes, en soûmettant nostre volonté à la sienne: Et c'est estre Pontife & Sacrificateur que de nous offrir nous mesmes à luy, comme une hostie sainte & vivante, & de luy presenter sans cesse sur l'autel de nostre cœur des sacrifices de loüanges & de justice.

Eccli. 35.

Or il est certain que les femmes ont également part avec les hommes à cét ordre sacré, où l'on est en mesme temps Prestre & Roy, où la dignité du Sacerdoce est royale, & la Royauté sacerdotale, & où l'on est tout ensemble, le Sacrificateur, le Temple, l'Autel & la Victime, & où le premier rang ne se donne qu'au merite & non au sexe.

1. Petr. 2. 5.

Enfin puis que l'Ecriture nous apprend que les femmes sont capables d'erreur & de verité, de vice & de vertu, que Dieu les a faites à son image, qu'il les favorise, les punit & les recompense comme les hommes; qu'il ordonne de rendre honneur, de faire du bien, & de ne point faire de mal, aux uns & aux autres, c'est une marque qu'il les estime également, & c'est une obligation indispensable pour nous, de suivre en cela son exemple & ses jugemens.

Que si l'on demande pourquoy donc il a toûjours preferé les masles aux femelles, en ce qui regarde les fonctions publiques, on peut répondre en cela comme dans toutes les rencontres où l'Ecriture ne rend point raison de sa conduite, qu'il luy a plû d'en user de la sorte, ou bien que comme il dispose tout avec douceur, ainsi qu'un bõ pere qui n'a point d'autre interest que celuy de ses enfans, il veut bien se conformer à leurs idées & à leurs coûtumes, lors qu'elles ne sont point contraires à ses desseins.

Sages. 8.

Nous voyons en effet, qu'en qualité de cause universelle, il suit ordinairement la disposition des causes particulieres dans la Physique & dans la Morale; qu'il s'accommode à nôtre temperamment, à nos habitudes, à nos usages. Il a permis que ses Prophetes ayent parlé de sa conduite comme s'il estoit susceptible de passion pour s'ajuster à la foiblesse des hommes qui ont de la peine à rien concevoir que sous des images grossieres & sensibles. Il a emprunté leur langage, leur stile, leurs proverbes. Il s'est expliqué par la bouche de Moyse & d'Isaïe qui avoient esté nourris à la Cour, tout d'une autre façon que par la bouche de Jeremie, qui avoit toûjours demeuré à la campagne; & par celle de S. Jean avec une douceur & une simplicité bien differente de la force & de l'élevation de S. Paul.

LES loix Judaïques estoient la plufpart Nationnales, c'est-à-dire fondées sur le genie & les coûtumes du peuple pour qui elles avoient esté faites. On luy interdit l'usage de certains animaux à cause des maladies auquelles il estoit sujet. On luy deffendit de préter de l'argent à interest, parce qu'estant extremement avare & interessé, les pauvres fussent demeurez sans assistance. La Loy du Talion qui permettoit de crever un œil à celuy qui en avoit crevé un, celle qui laissoit aux maris la liberté de repudier leurs femmes, de ratifier ou de casser leurs vœux, estoient fondées sur la dureté du peuple Juif, comme Jesus-Christ mesme le luy fit entendre. Enfin la loy de la charité qui renferme toutes les autres loix, tous les Prophetes, & toute la Religion, est une loy d'accommodement, de condescendance & de desinteressement, qui veut que nous soyons Juifs avec les Juifs, comme S. Paul l'a pratiqué. C'est pourquoy comme les masles ont toûjours esté les maistres, & les plus considerez, on peut dire que c'est pour cela que l'Ecriture ne parle que d'eux dans les genealogies qu'elle rapporte; que Dieu s'est revêtu de leur sexe, qu'il a parlé comme eux, pris leurs titres de Roy & de pere, & a dressé sa parole aux deux sexes sous les noms *d'homme, de juste, de pecheur, de fils ou d'ennemis de Dieu*, qui selon l'usage de toutes les langues comprennent également les hommes & les femes.

AINSI les Juifs comme tous les Orientaux & les Romains estans extrémement jaloux de leur authorité & maistres de leurs femmes, ce n'est pas une merveille que l'Apostre suivant sa Politique toute Chrétienne, de s'accommoder à tout le monde, ait tant recommandé aux femmes la soûmission & le silence, pour la tranquillité des familles, leur ayant recommandé de porter un voile, jusques à dire que c'est une honte & une ignominie contre la nature que de faire autrement.

MAIS de peur que l'on ne s'imagine qu'il ait eu d'autre pensée, Examinons ses paroles. Aprés avoir proposé l'ordre que l'on pouvoit garder dans les assemblées, & avoir apporté pour raison que c'est afin que toutes choses se fassent en paix & sans confusion, il ajoûte, *que les femmes parmy vous se taisent dans les Eglises, parce qu'il ne leur est pas permis d'y parler; mais elles doivent estre soûmises, selon que la loy l'ordonne. Que si elles veulent s'instruire de quelque chose, qu'elles le demandent à leurs maris lors qu'elles seront dans leurs maisons. Car il est honteux aux femmes de parler dans l'Eglise.*

1. Cor. 14. 34.

Dans l'Epistre à Timothée il dit presque la mesme chose en ces termes.

1. 2. 11. *Que les femmes se tiennent en silence, & dans une entiere soûmission lors qu'on les instruit. Je ne permets point aux femmes d'enseigner ni de dominer sur leurs maris ; mais je leur ordonne de demeurer dans le silence. Car Adam a esté formé le premier, & Eve en suitte. Et Adam n'a pas esté seduit, mais la femme ayant esté seduite est tombée dans la desobeïssance.* Cela signifie-t-il que les femmes sont moins capables d'enseigner & de gouverner que les hommes ? L'Apostre ne parle point de toutes en general, mais seulement de celles qui sont engagées dans le mariage, dont la conduite qui est la plus importante de toutes celles dont on peut estre chargé, est la seule chose qui les puisse éloigner de l'application aux sciences & aux emplois. C'est pourquoy il dit à la fin du mesme chapitre qu'elles travailleront à leur salut par l'éducation de leurs enfans.

Preface.

IL est honteux que les femmes parlent dans l'Eglise, comme il est honteux qu'elles ayent la teste découverte, & que les Laïcs parlent dans l'Eglise où la coûtume les oblige au silence. *Qu'elles demandent en particulier à leurs maris ce qu'elles voudront sçavoir.* Le Conseil est excellent pour éviter la confusion qui ne manqueroit pas d'arriver si tout le monde vouloit parler dans l'Eglise. Et il seroit à souhaitter que les maris eussent assez de vertu & de lumiere pour servir de Maistres & de Directeurs à leurs femmes, & qu'elles s'en voulussent contenter. Mais cela n'empesche pas que le mary ne doive aussi consulter sa femme quand elle a plus de lumiere que luy.

JE ne permets point à la femme d'enseigner ny ne de dominer sur son mary. Il ne tient donc qu'à la permission & non pas à la capacité. Il n'est pas permis non plus à tous les hommes, quelque sçavans qu'ils soient, d'instruire publiquement.

Mais si les femmes peuvent connoître la verité, & l'enseigner à leurs enfans, à leurs domestiques, à leurs maris, à leurs communautez en particulier; il n'y a que la coûtume qui les empesche de le faire en public, l'un n'est pas plus difficile que l'autre. Pour ce qui est de dominer, les Chrétiens ne le doivent pas faire entr'eux, ny à plus forte raison les femmes à l'égard de leurs maris, la coûtume leur estant moins favorable. Mais cela ne les exclud pas du gouvernement.

ELLES doivent garder le silence, parce qu'Adam a esté créé le premier, & qu'il n'a pas esté seduit comme Eve. Ce n'est donc pas parce qu'elles sont femmes, & que leur sexe est moins propre à parler que le nostre. Si c'eust esté la pensée de S. Paul, il n'eust pas manqué de le dire, comme la meilleure raison pour obliger les femmes au silence; Et comme dit S. Gregoire de Nazianze, *si Eve a peché, Adam a peché aussi*

de

de la mesme façon. L'un & l'autre ont esté trompez par le serpent, & il ne faut pas croire que la femme ait eu plus de foiblesse, & que son mary ait fait paroistre plus de force. Comme S. Paul reconnoist que le peché est entré dans le monde par le premier homme; quand il dit que c'est Eve qui a esté seduite, sa pensée est que Eve a esté trompée par le Demon immediatement, & qu'Adam l'a esté par son moyen. Mais qu'est-ce que tout cela fait à l'égalité des sexes ? Ce ne sont point des raisons essentielles dont se sert l'Apostre pour s'accommoder à la coûtume, mais de simples convenances, tirées d'une Histoire éloignée, & d'un fait personnel, qui pourroit aussi servir contre les hommes. Car si le premier avoit esté créé aprés sa femme & pour sa femme, qu'il eust esté seduit immediatement, comme cela n'estoit nullement impossible, & que depuis ce temps-là les hommes eussent esté sous la puissance des femmes;

pour les entretenir dans la soûmission, on leur diroit de mesme, qu'ils ne doivent point dominer sur leurs femmes; mais leur obeïr, & leur demander avec crainte & respect ce qu'ils veulent sçavoir. Des raisons de cette nature ne prouvent rien quand on examine les choses à fond, n'y ayant rien qu'elles ne puissent ruiner ou établir.

C'EST ainsi qu'il faut répondre à ceux qui se prévalent de ce que dans l'ancienne Loy les femmes payoient une fois moins que les masles pour le rachat de leurs vœux, & qu'il n'y avoit que ceux-cy qui fussent appellez premiers nez, & offerts à Dieu, comme luy estant plus agreables. Car 1° Les femmes pouvoient payer une fois plus que les masles & estre consacrées à Dieu, s'il l'eust ainsi ordonné. 2° Comme cela ne se pratique pas dans la Loy nouvelle, c'est signe que ce n'estoit qu'un reglement de discipline, non plus que l'éloignement où les femmes sont à l'égard des Charges Ecclesiastiques. 3° C'est un témoignage de faveur d'exiger moins d'une personne que d'une autre pour sa rançon. 4° l'Ecriture nous apprend que l'offrande des premiers nez avoit esté ordonnée de Dieu au peuple Juif, afin qu'il se souvinst du massacre des premiers nez d'Egypte, fait pour le retirer de ce pays-là. *Exod. 12.*

L'Ecriture ne nous dit point pourquoy quelques Justes de l'Ancien Testament ont eu plusieurs femmes. On ne voit pas qu'Adam qui a commencé le monde, ny que Noë & ses enfans qui l'ont reparé, en ayent eu chacun plus d'une. Le monde estoit déja peuplé lors que Jacob épousa Lia & Rachel, & qu'il usa de leurs servantes. Si la vie du celibat est plus tranquille & plus heureuse que celle du mariage, si la continence, comme l'enseigne Jesus-Christ, est un don du Ciel, il est difficile de croire que c'en soit un d'avoir plusieurs femmes, ny par consequent que Dieu ait voulu témoigner par là qu'il aime plus un sexe que l'autre.

MAIS enfin, dit-on, si les sexes sont égaux & partant également estimez de Dieu, & capables des grandes choses, ce seroit la derniere injustice dans les hommes de n'en pas faire de part aux femmes. Et les Prophetes & les Apostres n'eussent pas manqué de prêcher contre un desordre si universel & si ancien.

ON ne sçauroit le prendre plus mal. Il est vray que c'est une marque d'ignorance ou de préjugé dans les hommes de croire qu'ils ont plus de perfection que les femmes ; c'est une sotte vanité de les mépriser parce qu'elles sont dans la dependance, & c'est une tyrannie de les traitter avec empire, & de faire des loix avantageuses pour nous & desavantageuses pour elles. Mais ce n'est nullement une injustice de ne les pas appeller au partage de ce que nous possedons. Car outre que les emplois, par exemple, sont des Charges onereufes, quand on les confidere fainement; comme ils n'appartiennent pas plus à un fexe qu'à l'autre, tous deux les pouvant remplir, & n'eftant pas neceffaire pour le bien de la focieté qu'ils foient my-partis entre les hommes & les femmes, il eft indifferent qui des uns ou des autres les poffedent, pourvû que ceux qui les ont entre les mains n'en abufent pas : De mefme qu'encore que toutes les familles d'un Etat puiffent avoir la couronne, ce n'eft pas une injuftice qu'elle foit affectée à une famille particuliere; ny que la liberté, les honneurs & les richeffes foient partagées inégalement entre les hommes, n'y ayant que l'abus de ces chofes qui foit contraire à l'égalité.

AINSI bien loin que la Religion qui eft le lien le plus étroit & le plus faint de la focieté, condamne ces fortes d'établiffemens, qu'au contraire elle les approuve & les fanctifie, & en mefme temps qu'elle maintient une inégalité apparente, elle conferve l'égalité veritable par la loy de la charité qui oblige ceux qui ont quelque avantage particulier de le considerer comme un bien dont ils ne sont que les œconomes, pour en faire part aux autres comme à leurs propres freres. C'est pourquoy il n'a pas esté necessaire que les Prophetes, les Apostres & les Saints parlassent en aucune façon contre l'inégalité des biens, mais seulement contre les abus qui en pourroient arriver. Ce qu'ils ont fait si hautement en declamant contre l'injustice, & en établissant les maximes de la charité Chrétienne.

Que selon l'Ecriture les femmes ne sont pas plus sujettes au vice que les hommes.

C'est faute de bien entendre ces maximes, & de sçavoir que la charité est le fondement de nostre perfection, de nostre noblesse & de nôtre merite à l'égard de Dieu que quelques uns se sont imaginez que l'Ecriture donne lieu de croire que les femmes sont plus portées & plus sujettes au mal que les hommes. Car l'Ecriture nous proposant à tous sans distinction la vertu & la recompense, nous apprend en mesme temps que nous en sommes tous également capables, & par consequent également dignes de l'amour & de l'estime de Dieu.

Pour en mieux juger il faut prendre la chose dans son principe & considerer qu'il y a deux sortes de vertu, l'une de nature & l'autre d'établissement ou de coûtume. La premiere consiste dans l'usage de nous mesmes, de nos puissances, de nostre corps & de nostre Esprit, & de tout ce qui nous environne, conformement à la raison, sans avoir égard à la maniere dont les hommes ont pû regler cet usage. Par exemple, c'est estre sobre, selon la nature & la raison, que de prendre des alimens dans la quantité & la qualité proportionnée à nôtre âge, à nostre temperamment, à la disposition où nous sommes ; & c'est pecher contre cette vertu que d'en user autrement.

La vertu d'établissement consiste dans l'usage des choses, selon les loix, les pratiques & les coûtumes établies dans le lieu où l'on se trouve. Et le vice opposé c'est lors qu'en presence des hommes & sans necessité ny dispense on contrevient à l'usage. Or les femmes n'estant pas moins capables que les hommes de se connoistre elles mesmes, comme on l'a fait voir ailleurs, en traittant de la connoissance de soy mesme, elles peuvent pareillement se servir de toutes choses avec raison, pour la conservation du corps & pour la perfection de l'esprit, ce qui fait la vraye vertu. L'on ne peut nier qu'elles soient moins sujettes que nous à quantité de dereglemens & de crimes ; qu'elles observent les coûtumes les plus indifferentes, jusques au scrupule, ny qu'elles ayent toûjours passé avec justice pour avoir plus de pieté, plus de courage & de zele dans la Religion que les hommes.

Education des Dames. 4. Entretien

QUOY qu'à considerer le vice & & la vertu selon la nature, une mesme action, dans les mesmes circonstances, ne soit pas plus digne de loüange ou de blasm en une personne & dans un sexe que dans l'autre, neanmoins la coûtume tourne les choses autrement ; & fait que l'excez du vin, par exemple, qui doit estre également choquant par tout où il se trouve, parce qu'il est également contraire aux loix de la nature & de la raison, choque plus dans les gens d'une certaine condition, comme dans les Magistrats, parce que l'on n'est pas si accoûtumé à les y voir tomber.

CETTE maniere d'estre touché des choses, & d'en juger suivant les impressions de la coûtume est celle dont on a toûjours usé à l'égard des femmes. Car quoy qu'elles ayent droit de penser, de parler, d'agir, de regarder comme les hommes ; le caprice & l'usage, veulent que la plus part des choses permises à ceux-cy, soient entierement deffenduës aux autres ; & que, par exemple, la colere & l'yvrognerie ne blessent que foiblement dans les hommes, au lieu qu'elles font horreur dans les femmes.

QUAND il feroit vray qu'elles feroient plus fujettes aux paffions, on ne pourroit pas en tirer de confequence qui leur fuft defavantageufe. Parce que les inclinations, les temperamens & les paffions font des inftrumens dont l'ame peut faire tantoft un bon, tantoft un mauvais ufage, felon l'occafion & la maniere de les employer: Et s'il y a des rencontres où il eft dangereux de fuivre les mouvemens de la colere, il y en a d'autres où il eft bon de les fuivre avec prudence, pour nous garantir des maux qui nous attaquent.

IL y a dans nos inclinations une certaine compenfation de bien & de mal qui les rend prefque toutes égales. Par exemple, l'inclination à l'amour que chacun excufe ou condamne felon qu'il a l'imagination tournée, eft ordinairement accompagnée de douceur, d'enjoüement, de complaifance, de liberalité, de franchise, qui sont des qualitez qui ne se trouvent pas de la mesme façon dans les autres temperamens.

Il est encore important de se ressouvenir que le vulgaire, ne garde presque jamais de moderation dans ses jugemens ny dans ses discours, se laissant toûjours aller à l'exageration & à l'hyperbole, & faisant des propositions generales sur cinq ou six exemples particuliers. Si un homme est liberal, on dit qu'il est magnifique, s'il est menager & prudent, on l'accuse d'estre vilain & avare. Il suffit de connoistre cinq ou six personnes d'un mesme païs, d'une mesme societé, d'une mesme condition qui pratiquent quelque vertu, ou qui ayent quelque defaut veritable ou imaginaire, pour l'attribuer à tous leurs semblables.

Cette maniere est tres ordinaire aux Poëtes, aux Orateurs, aux Grecs & aux peuples d'Asie, dont les Juifs faisoient autrefois partie. C'est pour quoy si l'Ecriture parle des defauts des femmes, avec des termes plus forts que de ceux des hommes, c'est en suivant la maniere dont on en parle vulgairement, dont on leur permet d'agir, & dont la coûtume & le prejugé nous fait considerer leur conduite.

Ce qu'il y a de plus fort contr'elles se tire du livre des Proverbes & de celuy de l'Ecclesiastique, dont voicy les endroits les plus remarquables, ausquels on peut aisément rapporter tout le reste. *J'ay cherché par tout de la raison & de la sagesse.*

Ecclesiaf. 7. 29. *Je n'en ay trouvé en aucune femme, & qu'en un seul homme entre mille.*

Ecli. 25. 26. *La malice des hommes n'est rien en comparaison de celle des femmes.*

23. *Il n'y a point de colere comparable à la leur.*

26, 23. *Il vaudroit beaucoup mieux demeurer avec un lion & un dragon qu'avec une méchante femme, &*

Prov. 21. 19. *dans une terre desolée & abandonnée qu'avec une femme sujette à querel-*

Preface. 85

ler & à se mettre en colere.

La méchante langue d'une femme est à un homme paisible ce qu'est une montagne sablonneuse aux pieds d'un vieillard. Ecli. 25. 27.

La jalousie d'une femme perce l'ame de douleur & la remplit de tristesse; c'est un fleau qui se fait sentir sans cesse. 26. 8.

Ne donnez point de pouvoir sur vous à une femme, de peur que s'étant une fois renduë la maistresse de vostre esprit vous n'en receviez de la confusion... Quand les femmes ont une fois pris l'authorité & l'avantage elles deviennent fâcheuses à leurs maris. 9. 2. 25. 30.

Qui est-ce qui pourra trouver une femme forte ? Prov. 31. 10.

Ce qui grossit les mauvaises idées que l'on se forge sur ces passages, c'est la maniere dont l'Ecriture parle aux hommes pour les détourner des desordres qu'ils pourroient commettre avec les femmes.

Prenez, garde, dit-elle, de vous Prov. 5. 2.

laisser surprendre à leurs artifices.

Ecli. 42. 12. *Ne vous trouvez point parmy elles.*

25. 33. *Le peché a commencé par les femmes, & elles sont causes de la mort de tous les hommes....*

42. 13. *L'iniquité de l'homme vient de la femme, c'est pourquoy l'iniquité d'un homme est meilleure qu'une femme qui fait bien.*

9. 5. *Ne regardez point le visage d'une fille, de peur que sa beauté ne devienne pour vous un sujet de cheute & de scandale.*

8. *Détournez vos yeux de dessus une femme qui s'est parée. La beauté des*

9. *femmes a causé la ruïne de plusieurs, en allumant dans leur ame le feu impur de la concupiscence.*

19. 2. *Le vin & les femmes sont capables de faire apostasier les sages mesmes*, comme il est arrivé à Adam, à Samson, à David & à Salomon.

1. Cor. 7. 1. *Il est bon que l'homme ne touche aucune femme.*

Apoc. 14. *Ceux qui suivent l'agneau par tout*
4. *où il va, ce sont ceux qui sont vier-*

ges, & ne se sont point soüillez avec les femmes.

Là dessus, comme l'Ecriture ne dit rien de semblable aux femmes pour les détourner des hommes, on se les represente comme si elles étoient la cause de tous les dereglemens du monde, & qu'elles n'eussent esté faittes que pour servir au Demon à pervertir nostre sexe.

POUR bien juger de la force de tous ces passages il y faut faire quelques reflexions. 1° Les Proverbes & l'Ecclesiastique sont des livres de Morale où l'on ne parle point des inclinations particulieres des hommes, mais de leur conduite, selon la coûtume, l'habitude & l'éducation, qui nous portent souvent à des actions contraires à nos inclinations. 2° Comme ces livres semblent n'estre adressez qu'aux hommes, & presque point aux femmes, on les doit considerer comme des avis qu'un pere sage & éclairé donne à son fils, où il luy marque ce qu'il doit observer & éviter avec les femmes. Mais il faut prendre garde qu'il n'en parle que selon ce qu'il en a découvert par sa propre experience, puis qu'il dit qu'il *a cherché de la sagesse*, &c. *& qu'il n'en a point trouvé*, &c. Ainsi on ne doit pas prendre à la rigueur ny entendre de tout le sexe ce qu'il dit des femmes, mais moralement, & de quelques unes.

Lors qu'il dit qu'il n'a point trouvé de sagesse parmi les femmes, il parle d'une sagesse accomplie, qui vient moins du naturel que de l'étude & de l'experience, que les femmes n'ont pas comme les hommes, particulierement celles des Juifs qui étoient bien plus contraintes que celles des Europeans. Et ce n'est pas un grand avantage pour les hommes qu'entre mil, il s'en trouve un qui soit sage.

Si les hommes souffroient de la malice, de la colere & de la jalousie des femmes, comme elles en souffrent des hommes, on pourroit prendre à la lettre ces paroles, *Il n'y a point de malice, de colere, ny de jalousie comparable à celle d'une fême.* Si on les veut entendre d'une pente & d'un pouvoir naturel de faire beaucoup de mal ; nous dirons que par consequent elles peuvent faire beaucoup de bien, les puissances & les moyens qui servent à l'un pouvant aussi servir à l'autre, le dessein, l'intention, & la maniere d'en user, faisant le vice & la vertu. Mais leur sens naturel est peut-estre que ces passions, ces defauts, éclattent & choquent davantage dans les femmes, ou bien parce qu'elles n'y tombent pas si souvent, ou parce que l'on ne veut pas qu'ils leur soient autant permis qu'à nous ; ou enfin parce qu'elles portent leur ressentiment beaucoup plus loin; à cause que la maniere dont on les éleve, les rendant beaucoup plus sensibles que nous à plusieurs choses ; quand elles ont une fois franchi les bornes étroittes de la bien-seance où on les renfemme, elles font plus d'efforts pour se delivrer de ce qui leur est contraire.

QUAND l'Ecclesiastique nous avertit de ne pas donner de pouvoir sur nous à une femme, il ne parle que d'un pouvoir aveugle & temeraire que la debauche & la lâcheté leur peut donner: Estant certain qu'il ne faut s'assujettir de la sorte ny aux femmes ny aux hommes, & que ceux qui se laissent ainsi gouverner, s'abandonnent pour l'ordinaire à des gens, ou mal reglez, ou interessez, qui abusent de la credulité d'autruy: mais il ne parle point du pouvoir & de l'authorité qui a pour objet la conduite d'une famille ou d'un Royaume; l'Histoire sacrée & prophane nous apprennant qu'il y a eu quantité de femmes qui ont gouverné avec beaucoup de sagesse, leurs maris, leurs enfans, leurs familles, des Societez & des Estats entiers.

QUAND il leur seroit ordinaire de mal user du pouvoir qu'elles ont entre les mains, elles ne feroient que suivre l'exemple des hommes : outre que lors qu'on n'est pas accoûtumé à commander, qu'on n'a pas esté élevé pour cela, & qu'on ne s'y attend pas, on est en danger de s'éblouïr.

LORS que quelqu'un voulant rabaisser le merite des femmes leur dit *qu'un homme injuste est meilleur, & plus estimable qu'une femme qui fait du bien*, on peut luy demander à luy mesme la solution d'une absurdité grossiere dont il charge l'Ecriture, & luy faire voir son ignorance ou sa malice, en luy montrant que ce passage est tronqué. Car il y a, *un homme injuste, est meilleur qu'une femme qui fait du bien, & qui cause de la confusion & de l'opprobre*. C'est-à-dire, que les faveurs d'une femme artificieuse, qui a dessein de tromper, sont plus à craindre qu'une injustice ouverte.

Cela nous montre comme l'on abuse indignement de l'Ecriture Sainte, en luy faisant dire tout le contraire de son veritable sens. On le voit encore dans l'employ ordinaire de ces paroles, *qui est-ce qui trouvera une femme forte ?* Comme si l'Ecriture vouloit signifier par là, qu'il est extrémement rare d'en trouver. Mais ce n'est nullement sa pensée. Le dernier chapitre des Proverbes d'où ces paroles sont prises contient les instructions que le Roy Salomon receut de sa mere ; qui aprés quelques avis luy dit de quelle maniere il doit chercher une femme, & commence à luy marquer les qualitez qu'elle doit avoir, en s'écriant ; *Qui est-ce qui trouvera une femme forte ? C'est un bien si estimable, qu'il n'y a rien au monde qui en puisse égaler le prix.* Et elle continuë en suitte de luy décrire les avantages qu'une femme de cette sorte peut apporter dans sa famille. Lorsque l'on veut changer cette expression figurée, en une autre expression qui soit simple & sans interrogation, & qui ait une liaison naturelle avec ce qui precede & ce qui suit, il faut nécessairement la concevoir en ces termes. *Celuy qui trouve une femme forte, trouve un bien inestimable*, &c.

QUOY qu'il en soit, il y a trois ou quatre considerations qui contrebalancent tout ce que l'on peut tirer de l'Ecriture contre nous.

1° Elle ne parle point de toutes les femmes.

2° Elle en dit du moins autant de bien que de mal. *Vne bonne femme fait le bon-heur de son mary, & une* Ecclesi. 26. *femme forte & genereuse fait sa principale joye* .... *Vne femme de vertu* 7. *& de bon sens, est un bien & une grace qui vaut mieux que tous les thresors du monde : & celle qui aime* Prov. 12. *son mary vaut autant qu'une Couronne & un Royaume* .... *Et celle qui est sage & prudente édifie sa mai-* 14. *son. Le pauvre gemit où il n'y a point* Ecclesi. 26. *de femme*, &c.

3° Tout ce qu'elle dit de mal touchant les hommes, surpasse autant ce qu'elle en dit des femmes, que l'on croit que nostre sexe est plus excellent que le leur.

4º Et ce qu'elle dit contre les femmes se peut aussi justement appliquer aux hommes en substituant le mot d'homme à celuy de *femme*. En effet une Mere qui voudroit instruire sa fille, ne pourroit-elle pas luy parler de cette sorte. *Ma fille, ne vous trouvez point parmy les hommes ; ne vous laissez point surprendre à leurs artifices, à leurs promesses & à leurs cajolleries. Souvenez-vous que le peché a commencé par eux & qu'ils sont cause du malheur de toutes les femmes ; que l'iniquité de la femme vient de l'homme ; & que le mal que fait une femme est preferable au bien que veut faire un homme. Ne vous arétez point trop à considerer la beauté, la bonne mine, ny tout ce qui donne de la grace aux hommes, de peur que cela n'allume en vous le feu de la concupiscence, & ne vous soit un sujet de chute & de scandale, comme à tât d'autres de vôtre sexe que je pourrois vous nommer, & qui estoient auparavant extrémement sages & ver-*

tueuses. Eloignez vous donc de leur compagnie autant qu'il vous sera possible. Il vous sera toûjours plus avantageux de n'avoir nul commerce avec eux, non pas mesme par le mariage; & sçachez que celles qui suivent l'agneau par tout où il va, ce sont celles qui sont vierges & ne se sont point souïllées avec les hommes.

Neanmoins comme je ne pretens pas forcer vostre inclination, si elle vous porte à vouloir un mary, songez à le bien choisir. Car il est entierement rare d'en trouver un bon. C'est un present que vous ne devez attendre que du ciel. Vn homme de vertu & de bon sens, & qui aime sa femme, est un sujet continuel de joye & de consolation, & est plus à estimer qu'une couronne & que tous les thresors du monde.

Mais au contraire, c'est le dernier malheur pour une femme, d'avoir un mary sujet aux disputes, à la colere, & à la jalousie. Il vaudroit mieux demeurer dans les deserts avec les Tigres, les dragons & les bestes les plus farouches. C'est comme un toît qui degoute continuellement au milieu de l'hyver, & un vent rude & fâcheux qui gronde sans cesse. C'est pourquoy pensez y bien.

S'il vous arrive d'avoir des enfans, prenez un soin particulier de les garantir du vice. Les garçons demandent une garde & une exactitude tres-grande, de peur qu'ils n'échappent & ne se perdent : Et pour peu que vous y voyiez d'ouverture, redoublez vostre vigilance & vos soins, de crainte qu'ils ne se laissent aller à la premiere occasion : Et vous ne pourrez rien faire de mieux pour vostre repos, & pour leur avantage, que de leur donner une femme qui ait de l'esprit & de la vertu ; pour les retenir par sa modestie & pas sa douceur dans de justes bornes où ils ont bien de la peine à demeurer.

POUR satisfaire à tout ce que l'on peut avoir dans l'esprit, sur le sujet du commerce de sexe entre les Hommes

hommes & les femmes, il faut considerer qu'ils sont à l'égard les uns des autres, comme tout le reste des biens, dont on peut faire un bon & un mauvais usage, & dont l'abus retombe sur celuy qui le commet, sans diminuer le prix ny l'estime de la chose dont on abuse. Ainsi quoy que les hommes puissent mal user des femmes, & se perdre à leur occasion, ce n'est non plus la faute des femmes, à regarder simplement l'usage, que c'est la faute des richesses qui causent le malheur d'un prodigue, ou de tout autre qui ne sçait pas s'en servir. On peut dire mesme, que si l'on regarde sincerement la maniere dont les femmes contribuent à la perte des hommes, & les hommes à celle des femmes, il faudra avoüer que presque tout le mal est de nostre costé. En effet, quoy que les femmes ayent des moins autant de besoin des hommes, que les hommes en ont d'elles, neanmoins elles ont plus de force pour ne le point faire paroistre

E

Ce sont les hommes qui les recherchent, qui les sollicitent & les pressent : Et l'on diroit quand elles se rendent, que c'est plûtost pour se delivrer des importunitez qu'on leur fait, ou pour reconnoistre les services & les soins qu'on leur a rendus, l'amour & l'estime qu'on leur témoigne, que pour satisfaire un desir qui leur est aussi naturel qu'à nous. C'est donc proprement les hommes qui font paroistre en cela de la foiblesse, qui abusent les femmes, qui les corrompent, les perdent & les entrainent dans le precipice avec eux.

CE ne fût point Dalila qui alla chercher Samson ; ce fut luy qui alla chercher cette Dame. Et luy qui avoit eu la force de déchirer des lions, de defaire luy seul ses ennemis au nombre de mil, luy, dis-je, eut la foiblesse de se laisser vaincre par les caresses d'une femme, & l'imprudente de luy découvrir un secret dont dependoit sa liberté & sa vie.

BETHSABE'E ne songeoit à rien moins qu'à David, lors que ce Prince qui avoit esté touché de sa beauté, l'envoya querir chez elle; & ce fut de son propre mouvement qu'il fit exposer Urie mari de cette Dame, n'ayant pû l'obliger à retourner chez luy pour couvrir par ce moyen les suites de l'adultere qu'il avoit fait commettre à sa femme.

SONT-CE les femmes que Salomon a aimées, ou Salomon luy-mesme que l'on doit accuser de la dépravation de son esprit, luy qui avoit esté selon le cœur de Dieu, qui en avoit receu tant de biens & de sagesse, luy enfin qui n'ignoroit pas la deffense que Dieu avoit faite autrefois à son peuple d'avoir commerce avec les femmes étrangeres. *Exod. 36.*

NOUS n'avons qu'à consulter l'Ecriture pour sçavoir lesquels ont esté les plus criminels aux yeux de Dieu, ou des femmes qui se sont laissées corrompre, ou des hommes qui les ont corrompuës. Encore que Bethsabée fust coupable d'avoir manqué de fidelité à son mary ; ce fut neanmoins à David seulement que Dieu reprocha le crime, ce fut à luy seul qu'il envoya le Prophete Nathan ; ce fut luy qui en fit penitence ; toute la peine retomba sur luy, & ce fut pour le punir que l'enfant qui vint de son adultere fut frappé de mort. L'Ecriture ne dit pas un mot contre les femmes étrangeres dont Salomon devint amoureux. *Le Seigneur*, dit-elle, *entra en colere contre Salomon, parce qu'il s'estoit éloigné du Seigneur le Dieu d'Israël.* Et elle nous marque que Dieu pour le punir de sa faute, luy suscita des ennemis, & divisa ses Etats.

AINSI quand on reproche aux femmes que ce sont elles qui nous corrompent, elles peuvent répondre que c'est nous, au contraire, qui sommes cause de leur corruption & de leurs desordres ; que ces hommes qui s'attribuent la proéminence du sexe, n'ont point de honte de devenir leurs escla-

Rois. 2. 12.

Rois. 3. 11.

ves, & de se reduire aux bassesses les plus indignes, pour obtenir d'elles qu'elles satisfassent leur passion; que ces hommes qui se vantent d'avoir plus d'esprit, plus de force & plus de courage que les femmes, en ont assez peu pour ne pas découvrir leurs artifices, & pour se laisser vaincre par de si foibles attraits; que si l'Ecriture dit tant de choses aux hommes pour les éloigner du mal qu'ils peuvent commettre avec les femmes; ce n'est pas qu'elle estime moins les femmes: c'est au contraire parce que connoissant la foiblesse des hommes, elle a crû les devoir soûtenir par de fortes exhortations, n'ayant rien dit de semblable aux femmes, parce qu'elles ne succombent pas si aisément. Enfin si Dieu ne s'est pas servi d'elles dans les Fonctions Publiques, Civiles ou Ecclesiastiques; c'est que les hommes ayant causé tous les maux de la societé, & les femmes n'ayant rien fait qu'à leur exemple, il estoit juste qu'ils servissent à les reparer, Dieu voulant tirer le re-

E iij

mede de la cause mesme du mal.

VOILA les reflexions necessaires pour l'éclaircissement des Passages que l'on croit estre contraires à l'opinion de l'Egalité des sexes, & pour faire utilement la comparaison dont on a parlé d'abord.

POVR ce qui est du Traitté de l'Excellence des hommes, il le faut lire comme s'il venoit d'une main inconnuë & zelée pour la gloire de nôtre sexe, afin de mieux reconnoistre si l'Autheur ne s'est point flatté luy-mesme en affoiblissant les preuves de ses Adversaires ; & s'il a dit contre les femmes tout le mal que l'on en peut dire publiquement. Car les invectives sont la voye ordinaire de les attaquer, en exagerant leurs defauts, rejettant sur tout le sexe ce qui se void en quelques unes, & leur est commun avec les hommes, & attribuant à l'inclination ce qui n'est qu'un effet de la coûtume, de l'éducation, & de la maniere dont elles sont considerées, & se considerent elles mesmes.

DE L'EXCELLENCE DES HOMMES CONTRE L'EGALITÉ DES SEXES.

Que l'opinion commune, que les femmes ne sont point égales aux hommes ne doit point passer pour une erreur de prejugé, & qu'estant aussi ancienne & aussi étenduë que le monde, & conforme aux principes de la saine Philosophie, elle doit demeurer comme une verité constante.

Lorsque l'on considere avec quelle facilité les hommes donnent entrée dans leur esprit

E iiij

à tout ce qui se presente, on ne peut pas s'empécher de reconnoistre qu'ils sont fort sujets à la prevention & à l'erreur: Et quelque verité qu'il y ait dans les jugemens qu'ils portent temerairement & sans examen, ils ne doivent estre reçûs dans le commerce du monde que sous le caractere de prejugé, qui est un caractere commun à la verité & à l'erreur.

Quoy que cela se puisse dire de la pluspart des opinions dont les hommes sont persuadez, neantmoins il ne le faut pas entendre comme s'il n'y en avoit point d'exceptées; Et ce seroit peut-estre un autre préjugé que d'en donner le nom à tous les jugemens que nous faisons, & qui ne sont point precedez d'un examen Philosophique.

En effet, encore que nous n'ayons jamais recherché a nous asseurer avec methode, de nostre propre existance, comme le pratiquent quelques Philosophes modernes, auroit-on raison de nous dire que c'est par prevention que nous croyons que nous existons, & que pour estre certains que nostre propre corps n'est point un phantôme semblable à ceux que nous faisons en rêvant, il est absolument necessaire de recourir aux regles de la Logique.

Cela est bon quand les opinions dépendent de l'exemple, de la coûtume & de l'autorité des hommes, parce qu'l'ō peut avoir quelque raison de s'en défier, & de craindre qu'il ne s'y glisse de l'erreur. Mais pour ce qui regarde les sentimens où la nature seule a part, & qu'elle a gravez dans nos ames pour estre la base de toutes nos connoissances, & le principe des actions necessaires à la conservation de la vie, l'évidence qui ne manque jamais de les accompagner tient lieu de reflexion & de recherche, & ne demande autre chose de nous que d'ouvrir les yeux de l'esprit pour les regarder fixement.

Et si nous avions sujet d'y apprehender quelque méprise, il faudroit accuser la nature de se tromper elle-mesme ou de prendre plaisir à nous tromper, en nous portant d'un côté, comme malgré nous, par ces sortes de mouvemens à l'execution des choses qu'elle nous ordonne, & d'un autre costé en nous obligeant d'avoir recours à une suspension generale de toutes les actions de la vie, par la necessité où nous serions de prendre du temps, pour nous délivrer de nos doutes par une longue reflexion.

Or je croy qu'il faut mettre au nombre de ces sentimens vifs & clairs, celuy par lequel les hommes se portent à juger de la difference & de l'inegalité des sexes. S'ils sont persuadez que celuy des mâles est le plus excellent & le plus capable, ce n'est point par un effet du caprice, ny de la coûtume, mais par une idée tres-distincte que la nature mesme leur en donne: Et aprés les notions primitives & fondamentales qui concernent nostre propre conservation, je n'en vois point de plus naturelle, ny qui ait de plus grandes marques de certitude & d'évidence que celle-là: puisque outre que nous nous y portons de nous-mesmes, elle se trouve établie, par le consentement de tous les hommes, par l'autorité & par l'experience de tous les siecles, & par les raisonnemens les plus solides, & enfin puisque Dieu mesme, qui est la source, l'Auteur & la regle de toutes les veritez du monde, confirme celle-cy, dans les saintes Ecritures par des preuves aussi certaines que le livre mesme qui les contient.

Il est si naturel de penser que la preéminence des sexes appartient aux mâles, & que c'est un avantage qu'ils ont receu de la nature, qu'il n'y a peut-estre jamais eu d'homme ny de femme qui ne l'ait crû, ny de nation où l'on n'en ait pas esté persuadé, ny de siecle où ce sentiment n'ait passé pour une verité tres-constante. Du moins ne sçauroit-on monstrer d'histoire ny ancienne ny moderne qui nous apprenne qu'il y ait eu des peuples entiers où l'on ait tenu formellement le contraire. Or cette uniformité & cette univerfalité d'opinions fur un mefme fujet, eft à mon avis, la plus convaincante de toutes les preuves que l'on puiffe apporter, pour montrer qu'elle eft véritable & de premiere lumiere, & qu'elle doit paffer pour un fentiment que la nature mefme nous infpire.

Lorfque c'eft le caprice, la coûtume, le hazard qui ont produit un fentiment, il garde toujours les caracteres de fa naiffance, il a des commencemens foibles, un progrez bizarre, un établiffement incertain, il ne dure qu'un âge, il ne regne qu'en un quartier de la terre, & il eſt combatu & renverſé toſt ou tard par un ſentiment contraire qui s'établit & ſe maintient de la même maniere. De là viẽt cette diverſité mõſtrueuſe d'opinions qui ont partagé & partagent encore tout le monde ; parce qu'eſtant les effets d'une imagination phantaſque & capricieuſe comme celle des hommes, ils ſont ſujets aux meſmes bizarreries. Mais pour ce qui eſt de l'opinion que nous deffendons & que nous n'entreprendriõs point de deffendre s'il ne s'étoit trouvé des gens aſſez aveugles, ou pour mieux dire aſſez ingenieux pour l'attaquer, elle a esté jusques icy exempte de tous ces inconveniens. Elle a commencé avec les hommes, elle a deja duré autant qu'eux, & elle se trouve maintenant si bien établie qu'il y a lieu d'assurer qu'elle ne finira qu'avec eux. Et si c'est une folie de vouloir revoquer en doute la verité d'une histoire, arrivée il y a mille ans dans un petit coin de la terre, lorsqu'elle a passé jusqu'à nous de main en main, & qu'elle a esté receuë universellement & sans contredit par toute sorte de personnes d'âge, d'interests, de païs, & de temps differens. C'est ce semble une temerité insupportable de s'opposer serieusement à une creance qui a toujours regné & qui regne encore dans l'esprit de tous les hommes.

Il y a bien davantage. Car comme nous ne voyons pas de nos propres yeux ce qui s'est passé autrefois, & que nous sçavons combien il est aisé d'en imposer à tout un peuple, & à ceux qui sont éloignez par la distance des temps & des lieux, & que tout ce que l'on a tenu pour vray durant plusieurs siecles sur une chose, n'est souvent fondé que sur ce que l'on en a crû au temps que la chose est arrivée, on pourroit avoir quelque sujet de soupçonner les histoires anciennes de peu de fidelité. Au lieu qu'estans nous-mêmes les témoins oculaires de ce qui sert de fondement à la creance commune, aussi bien que ceux qui nous ont precedez, pour n'estre pas de cette opinion, il faut dementir nos propres yeux, & accuser d'aveuglement tous les hômes qui ont crû qu'un sexe est inferieur à l'autre.

Si cette creance n'estoit que d'un Royaume seulemẽt, ou mesme d'une des quatre parties du monde, on pourroit peut-estre avoir quelque sorte de raison de dire que ce n'est qu'une suite d'une vieille erreur ou d'une conspiration que les hommes y auroient faite autrefois au desavantage des femmes. Mais lorsque je considere que tous les peuples de l'un & de l'autre hemisphere, les nations le plus sauvages, ces hommes qui ont esté oubliez ou inconnus durant tant de siecles, & sans aucun commerce avec nous, se trouvent tous d'accord sur la noblesse des mâles, je ne puis m'empécher de croire qu'il n'y a que la galanterie ou le dessein de se divertir qui ayent pû susciter ceux qui ont pris si hautement le party des femmes.

En effet, peut-on entreprendre serieusement de leur donner un avantage, qu'elles ne demandent pas, & qu'elles ne se sont jamais attribué. L'on a vû des nations disputer ensemble de la noblesse; mais l'on n'a jamais oüy dire que les femmes ayent pretendu d'estre aussi nobles que les hommes. On dit qu'il y a eu autrefois une troupe de femmes qui s'aviserent de faire bande à part, & de former un estat qui subsista quelque temps: mais l'histoire ne nous apprend point que ce fut par un sentiment d'égalité, mais seulement pour se délivrer de la servitude où le Mariage les engageoit. Or il est visible que si l'opinion de l'égalité des sexes estoit une erreur de prévention, les femmes du moins la reconnoistroient, & en mesme temps qu'elles se pleignent de la dureté dont les hommes usent à leur égard, elles les accuseroient d'estre injustes par une ignorance grossiere.

Cette opinion n'est pas de pure speculation où il s'agisse seulement de soûtenir une pensée de nulle consequence. C'est une créance de pratique sur laquelle est fondée toute la conduite des hommes à l'égard des femmes, & des femmes à l'égard des hommes : estant certain que si les hommes avoient crû que les femmes leur fussent égales au sens de nos adversaires, ils eussent rendu leur condition plus avantageuse & plus douce. Puisque si elles n'ont point de part aux sciences ny aux emplois avec les hommes, c'est que ceux-cy sont persuadez que cela leur appartient comme un appanage de leur sexe. Et les femmes sont elles-mêmes si fortement convaincuës de leur inégalité & de leur incapacité, qu'elles se fôt une vertu non seulement de suporter la dépendance où elles sont, mais encore de croire qu'elle est fondée sur la differēce que la nature a mise entr'elles & les hōmes. Je me souviens encore fort bien que lors que le livre de l'égalité commença à paroistre il n'y eût que les Pretieuses qui le reçeurent avec applaudissement disant qu'on leur faisoit quelque justice; d'autres le firent valoir seulement parce qu'il flattoit leur vanité : mais tout le reste en parla comme d'un paradoxe qui avoit plus de galanterie que de verité, n'osant pas le condamner tout-à-fait, parce qu'il leur étoit favorable.

Et cette moderation est d'autant plus à remarquer dans les femmes qu'elles sont naturellement vaines & ambitieuses, & qu'elles voudroient assujettir les hommes pour l'esprit comme pour le cœur. Et l'on doit avoir d'autant plus d'égard à l'aveu qu'elles font de l'excellence des hommes, que leur interest les porte à faire le contraire, & qu'elles la reconnoissent non seulement en ces païs cy, où les sciences rendent les esprits plus dociles, mais encore parmy les peuples où estant traittées plûtost en esclaves & en bêtes qu'en femmes, la contrainte & les rigueurs qu'elles souffrent devroient les appliquer davantage à songer à ce qu'elles font.

De sorte que l'on peut dire que ceux qui veulent oster à leur propre sexe un avantage qu'il a toûjours possedé paisiblement, & dont l'autre sexe luy fait aveu depuis qu'ils subsistent l'un & l'autre, ce sont gens qui se depoüillent eux-mesmes, sans fruit & de gayeté de cœur, d'un titre légitime & non contesté, pour en revetir d'autres qui reconnoissent contre leur propre interest n'y avoir aucun droit du tout.

Je

Je sçay bien que l'on pretend que la preéminence, dont nous jouïssons est un droit usurpé, que le vulgaire croit estre naturel, parce qu'il y est accoustumé dés le berceau. Mais outre qu'il nous appartient par une concession que nous en a faite l'Auteur méme de la nature, fondée sur les degrez de perfection dont il luy a plu relever nostre sexe, & qu'il a confirmée par des témoignages incontestables que l'on rapportera ailleurs, y a-t'il apparence que les hommes ayent commencé leur societé par une telle usurpation, que tous y ayent consenti, & qu'elle n'eust point esté reconnuë ny attaquée publi-

F

quement ? si dans les societez & les Estats particuliers l'autorité établie par le consentement unanime de tous ceux qui s'y sont soûmis d'abord, & affermie par une longue possession, a souvent reçeu des atteintes ; si la trop grande severité des Princes a causé tant de revolutions funestes ; si le desir de l'independance a tant de fois partagé les Grands ; enfin si l'amour de la liberté porte la pluspart des hommes à des efforts extraordinaires pour joüir pleinement de l'égalité naturelle qui est entr'eux : n'a-t-on pas lieu de croire que si la condition des femmes estoit un estat violent & fondé sur l'usurpation, elles qui sont en plus grand nombre que les hommes, elles qui aiment tant à dominer, qui sont si legeres & si amatrices de la nouveauté, si ingenieuses à trouver des moyens pour faire reüssir leurs desseins, elles enfin à qui les hommes ont toujours fait souffrir une si rude servitude, n'eussent jamais fait d'entreprise pour s'en délivrer.

C'est trop outrager les hommes que de vouloir qu'ils soient toujours demeurez dans une injustice si indigne. Cette accusation seroit peut-estre supportable s'ils étoient tous comme des sauvages & des barbares qui n'eussent point d'autre regle que leur interest & leurs passions déreF ij glées. Graces à Dieu, on ne peut pas dire qu'ils ayent tous esté abandonnez à ce sens reprouvé & corrompu où l'on tient pour juste tout ce qui est favorable : Et il n'est pas croyable que tant d'Illustres Senats, comme celuy d'Athenes & de Rome, si celebres par leur integrité, tant de sages Legislateurs fameux par l'équité de leurs Loix, tant d'hommes admirables par leur vertu, qui ont donné leur bien & leur vie pour deffendre la verité, il n'est pas croyable, dis-je, que ces hommes, & tous ceux qui estant éloignez par leur âge, par leur employ ou autrement, de tout commerce avec les femmes, n'avoient nulle raison de les regarder comme inferieures aux hommes, ayent soûtenu qu'elles l'estoient en effet, pour conserver à leur sexe un avantage usurpé.

Il est inutile de dire que s'il n'y a point d'interest ny d'injustice dans les hommes, il y a du moins de l'erreur, & qu'ils ont pris la coûtume pour la nature, faute d'avoir bien distingué l'une & l'autre, comme l'on void qu'ils les confondent tous les jours en des choses aussi faciles que celle-cy.

Cette réponse qui condamne encore tous les hommes d'une erreur assez grossiere, & qu'ils n'ont pû se communiquer les uns aux autres, suppose qu'ils ont tous esté aveugles, & qu'il n'y en a pas eu grand nombre qui se soient enfin dégagez du torrent de la coûtume. Mais il est tres-aisé de reconnoistre combien cette supposition est fausse, si l'on fait reflexion qu'il y a eu dans tous les siecles quātité de gens éclairez qui ont recherché sincerement la verité, qui se sont genereusement dépoüillez des préjugez de l'enfance, qui ont découvert mille erreurs dans le peuple, qui se sont declarez ennemis de ses fantaisies, & ne se sont distinguez parmy la foule qu'en soutenant des opinions entierement contraires à celles qui estoient le plus generalement reçeuës. Cependant il ne s'en est presque point trouvé, tant de ceux dont l'histoire fait mention, que de ceux dont nous avons les écrits, soit de Physique, de Medecine, de Morale, de Politique, ou de Theologie, qui ne soient demeurez attachez à la verité que nous deffendons, leur étude & leurs meditations leur ayant servi a découvrir avec netteté les raisons d'un sentiment dont ils estoient persuadez auparavant, par l'instinct de la nature.

Il est vray qu'il s'en est trouvé quelques-uns qui ont pretendu qu'il y avoit entre les deux sexes une égalité entiere, & mesme qui ont voulu donner l'avantage aux femmes. Mais outre que le nombre de ces sçavans est fort petit en comparaison des autres qui ont soûtenu le contraire ; l'on y doit avoir d'autant moins d'égard que ce ne sont pas les plus celebres, & que leur opinion n'a subsisté que dans leurs Livres. Et pour juger d'eux plus favorablement que ne le meritent des gens qui ont assez de hardiesse pour accuser toute la terre d'estre dans la prevention, dans l'erreur & dans l'injustice, qui sçait s'ils ont esté persuadez eux-mêmes de ce qu'ils ont avancé, s'ils n'ont point voulu faire l'éloge des femmes, comme l'on a fait celuy de la folie, & si ce n'a point esté pour exercer leur esprit, & pour se joüer de la credulité du monde qu'ils ont entrepris la deffense d'une cause qu'ils condamnoient dans leur ame.

Raisons Physiques de l'Excellence des hommes.

QUoy qu'il en soit, si on refuse de se rendre à la voix de la nature qui ne se fait jamais mieux entendre que lorsqu'elle s'explique par la bouche de tous les hommes, & si l'on tient pour suspect le témoignage de tous les sçavans, consultons presentement l'experience & la raisõ toutes seules pour juger sur ce que nos propres yeux nous rapportent de la difference des sexes, lequel des deux est le plus parfait & le plus excellent.

La perfection de toutes les choses créées selon l'idée qu'en ont tous les hommes, consiste à estre dans l'estat le plus convenable & le plus propre à la fin pour laquelle la nature les a faites. De sorte que nous disons qu'une chose est entierement parfaite, lorsqu'il ne luy manque rien de ce qui luy est necessaire pour arriver au but que l'on s'est proposé en la faisant: ainsi une montre est parfaite, quand elle a toutes ses parties, & qu'elle marque les heures avec justesse. Il faut encore observer qu'il y a differens degrez de perfection entre les choses qui sont comprises sous un mesme genre & que cette difference se tire de la maniere dont chacune arrive à sa fin. Ainsi une montre est meilleure & plus parfaite que l'autre, quand elle est mieux travaillée, & que son mouvement est plus reglé & plus long. Et selon cette idée il est vray de dire qu'une chose est en mesme-temps parfaite & imparfaite sous des regards differens, puisque c'est une espece d'imperfection que d'estre moins parfait qu'un autre.

A prendre les choses sur ce pied là, on ne peut pas nier que les femmes ne soient en un sens aussi parfaites que les hommes, & par consequent égales, la nature ne leur ayant rien refusé de ce qui est necessaire pour l'usage auquel elles sont destinées. Mais cette égalité de perfection n'est pas une égalité geometrique, comme celle qui se trouve entre deux cercles de pareille grandeur. C'est une égalité proportionnelle, qui répond à celle de deux cercles inégaux en grandeur, & égaux en nombre de parties, les femmes n'ayant pas receu de la nature les mesmes moyens que les hommes pour arriver aussi aisément qu'eux à la fin qu'elle s'est proposée en leur production.

La nature a trois fins differentes à nostre égard, selon les trois differens estats où nous pouvons nous rencontrer. La premiere, c'est nostre propre conservation, ce qui regarde chaque personne en particulier ; la seconde, c'est la propagation de l'espece, par la generation des enfans, ce qui concerne la societé des deux sexes ; & la troisiéme consiste dans le concours de plusieurs personnes, jointes ensemble sous une autorité souveraine, pour se conserver par une assistance mutuelle.

Nous travaillons à nous conserver, d'un costé en nous appliquant à connoistre ce qui nous est bon ou mauvais, vray ou faux, ce qui est proprement la recherche de la verité ; & de l'autre costé, à acquerir ce qui nous est conforme, & à nous délivrer de ce qui nous est contraire, en quoy consiste principalement la vertu. Il me semble qu'il faudroit renoncer à la raison & à l'experience pour soûtenir que nostre sexe n'a pas à cét égard, des qualitez plus avantageuses que n'en ont les femmes.

Il ne faut qu'ouvrir les yeux pour reconnoistre que les hommes generalement parlant, comme tous les mâles des autres especes d'animaux sont d'un temperamment plus chaud & plus sec que les femelles, ce qui est cause qu'ils ont plus de force, de vigueur, de liberté & de santé, & qu'ils vivent plus longtemps, pourveu qu'il ne leur arrive point d'accidens étrangers qui abregēt le cours de la vie. Les femelles au contraire ont moins de chaleur & de secheresse, ou pour me servir des termes ordinaires, sont d'un temperammēt froid & humide ; c'est pourquoy elles n'ont pas le corps, si libre, si robuste, ny si vigoureux que les hommes.

Cette difference est fondée sur la raison ; la nature l'ayant establie pour faire arriver les deux sexes à la fin qu'elle s'est proposée en les distinguant. Car ayant pour but de perpetuer les especes par la voye de la generation, à laquelle le masle & la femelle sont absolument necessaires, elle a dû donner au premier qui y concoure comme cause active & efficiente, les qualitez les plus convenables à ce devoir, qui sont la chaleur, la secheresse & la force, & donner à la femelle qui n'est qu'une cause passive, & qui a plus besoin d'humeurs pour la production & pour la nourriture de son fruit, des qualitez plus molles, pour ainsi dire, & moins actives.

Nous voyons en effet que la nature a suivy cette conduite, n'y ayant point d'endroit au monde où le temperamment des sexes ne se distingue par toutes les marques sensibles des deux principes differens dont nous venons de parler. Les femmes sont

des Hommes. 137

par tout de plus petite taille que les hommes: elles ont les cheveux plus longs & plus déliez, la teste plus petite & plus ronde, le teint moins coloré, les narrines & la bouche moins ouvertes, la voix moins forte, les membres plus charnus, moins libres, moins musculeux, & la démarche plus lente. Voilà précisément ce qui regarde le corps, passons à ce qui est de l'esprit.

Il est impossible que les hommes ayent l'avantage en une partie qu'ils ne l'ayent aussi en l'autre; parce que l'esprit est tellement dépendant du corps dans toutes ses actions, qu'il suit toûjours la disposition des organes, soit que cette disposition soit de nature ou d'accident. C'est pourquoy nous jugeons autrement dans la santé que dans la maladie, dans la joye que dans la tristesse, & lors que nous avons le sang & le cerveau plus ou moins émeu. Cela est si vray & si clair, que c'est un sentiment universel que le temperamment est la cause la plus ordinaire & la plus generale de cette diversité prodigieuse qui se voit entre les hommes, en ce qui regarde les connoissances & l'usage de l'esprit. D'où il faut conclure que l'esprit agira toûjours d'une maniere & plus parfaite & plus noble quand il se trouvera dans un corps dont les organes au-

des Hommes. 139
ront un téperament plus proportioné à ses operations. Or il est tres-aisé de montrer que la constitutiõ chaude & seche qui est celle des masles est celle qui a le plus de proportion & de convenance pour l'esprit & pour la vertu, parce que la chaleur produit necessairement *la force, la hardiesse, la magnanimité, la liberalité, la clemence, & la justice:* Et la secheresse produit, *la fermeté, la constance, la patience, la modestie, la fidelité, le jugement.*

Pour bien comprendre le rapport de toutes ces qualitez avec la chaleur & la secheresse, il faut prendre garde à trois choses. 1. Que la patience, par exemple, la justice, la fidelité étant en quelques hommes des inclinations naturelles où la raison a eu peu de part, comme elles sont en d'autres des vertus purement acquises par reflexion & par habitude; à les prendre comme des inclinations on ne peut en donner de meilleures causes que les deux que nous avons marquées. La seconde chose est que puisque nous nous sentons quelque fois plus portez à une passion qu'à l'autre, par exemple à la joye ou à la tristesse, à l'amour, à la hardiesse, sans en sçavoir la veritable cause, c'est une marque evidente qu'il n'est pas necessaire que l'ame cónoisse clairement toutes les dispositions du corps, mais seulement qu'elle les sente, pour concevoir des pensées & des desirs qui y soient conformes: & la troisiéme chose à remarquer est que ces sentimens confus qu'à l'ame à l'occasion des qualitez du temperamment, font en elle à proportion ce que fait la consideration de l'estat exterieur, par exemple de la pauvreté & des richesses, du credit & de la disgrace, de la bonne & de la mauvaise fortune. Voicy comment cela se fait.

Lorsque l'ame sent la chaleur qui est le principe de la force & du courage, elle se confie en elle-mesme, elle forme de grands desseins qu'elle entreprend hardimēt, & elle affronte les dangers, parce qu'elle croit avoir assez de force pour reüssir dans les uns & pour surmonter les autres; elle pardonne aisément dans l'esperance qu'elle a de pouvoir toujours repousser les offenses de ses ennemis. La confiance qu'elle prend en elle-mesme, luy inspire une liberté genereuse, éloignée de dissimulation & d'artifice qui sont les marques & les instrumens ordinaires de la timidité, & luy ostant l'apprehension de manquer des choses necessaires, elle la rend encore juste, liberale, reconnoissante & satisfaite d'elle mesme.

D'un autre costé, comme

c'est le propre de la secheresse de fixer les choses, & d'empêcher qu'elles ne se dissipent en les renfermant dans leurs propres bornes, l'ame s'accommode à cette qualité s'affermissant en elle-mesme demeurant toûjours dans la foy qu'elle a donnée, & dans les resolutions qu'elle a prises. Enfin cette qualité sert à rendre le sang plus pur, de mesme que les esprits qui en sortent, & arreste la fougue de l'imagination donnant à l'entendement le loisir qu'il demande pour bien considerer les choses, d'où vient la prudence & la solidité d'esprit.

Il faut conclure de ce principe par une consequence necessaire, que le temperament froid & humide, doit produire des effets moins avantageux, & que par sa froideur il doit rendre, *foible, timide, pusillanime, défiant, rusé, dissimulé, flatteur, aisé à offenser, vindicatif, avare, superstitieux*; Et par son humidité, *mobile, leger, infidelle, impatient, credule, & sujet à babiller.*

Les raisons de ces inclinations sont évidentes. Car comme l'a tres-bien expliqué un Auteur moderne, puisque la chaleur est le principe de la force, du courage, & de la hardiesse, il faut que la froideur le soit de la foiblesse, de la timidité & de la bassesse de cœur ; & de ces trois qualitez naissent toutes les autres qui

Monsieur de la Châbre.

qui accompagne le tempement froid. En effet, la défiance & le soubçon viennent de la foiblesse & de la timidité : c'est pourquoy les hommes forts & courageux ne sont ny soubçonneux ny défians. L'artifice accompagne aussi la foiblesse, parce qu'il supplée au défaut des forces, & nous voyons que tous les animaux qui sont foibles, sont plus rusez que les autres : au contraire tous ceux qui sont de grande taille ne sont pas ordinairement malicieux, parce que la force se trouve ordinairement avec la grandeur de corps. La dissimulation suit l'artifice & la défiance, comme la flaterie & le mensonge suivent la dissimulation. D'ailleurs la foiblesse qui est exposée à toutes sortes d'injures, est aisée a offenser, & pour ce sujet elle est vindicative, d'autant que la vengeance qui n'a point d'autre bût que d'empécher qu'on ne continuë l'offense, est ordinaire à ceux qui sont foibles : c'est pourquoy les vieillards, les enfans & les malades sont plus coleres que les autres : mais sa vengeance est cruelle, parce que la cruauté vient de la foiblesse & de la défiance, car un homme genereux se contente de la victoire, au lieu qu'un lâche qui a son ennemy en son pouvoir porte toujours sa vengeance à l'extremité, parce qu'il apprehende qu'il ne se remette aprés en estat de se venger à son tour.

La superstition vient de la mesme source. Car la foiblesse qui craint toujours plus qu'elle ne doit, s'imagine que le Ciel est difficile à contenter, & qu'il ne faut rien oublier pour se le rendre favorable. L'avarice n'a point aussi d'autre principe : car la crainte de tomber dans la necessité donne le desir de conserver ce que l'on a, & d'acquerir ce que l'on n'a pas. Or il est presqu'impossible que ces desirs soient sans injustice, ny qu'ils puissent souffrir la gratitude & la reconnoissance.

Enfin l'ame qui se conforme à la nature de l'humidité

qui luy sert d'organe & qui est mobile changeante & susceptible de toutes les impressions qu'on luy donne, prend aussi l'inclination aux vices qui répondent à ces qualitez, telle qu'est la legereté, l'inconstance, l'impatience, l'infidelité & le babil qui sont les effets de la mobilité; comme la credulité est une suite d'une foible resistance & de la facile impression que les choses font sur elle.

Voila surquoy est fondée la difference des sexes, & qui pourroit encore servir à expliquer toutes les autres differences exterieures, comme de la taille, de la couleur, de la voix, &c. mais comme cela est tres-aisé à entendre, & ne

nous importe pas beaucoup, il ne faut pas nous y arrester. Et pour montrer que ce que nous venons de dire du temperamment & des qualitez particulieres aux mâles & aux femelles n'est point une vaine imagination, il est bon d'observer que ce sentiment est tres-conforme à ce que l'histoire ancienne & moderne nous en apprend, qui est que par toute la terre, on ne les a pas seulement distinguez par la conformation du corps, mais encore, par la chaleur, par la force & les autres qualitez que l'on a marquées. Et il paroist que l'on a toujours appellez effeminez ceux d'entre les hommes qui ont eu la froideur, la
G iij

molesse, la beauté & la delicatesse des femmes ; & au contraire l'on a dit d'une femme que c'estoit un homme & qu'elle avoit le cœur & l'esprit mâle, quand elle en avoit l'air, le teint, la démarche, la voix & les autres manieres : Et mesme l'on a des regards tous particuliers pour celles en qui l'on voit ces qualitez, comme ne leur appartenant pas, & les éloignant en quelque sorte de la perfection de leur sexe.

On peut encore observer qu'au lieu que c'est par pure complaisance que les hommes tâchent d'imiter les femmes dans leurs manieres & seulement en ce qui regarde le corps & l'exterieur ; les femmes s'efforcent d'imiter les hommes par estime, & en ce qui concerne l'esprit, & ne sont jamais plus contentes d'elles-mesmes que quand on les flatte de n'avoir de leur sexe que le corps, parce qu'elles regardent la perfection des hommes comme la regle de la leur & la plus haute où elles puissent arriver.

Il est donc vray de dire que la nature a favorisé un sexe plus que l'autre en luy donnant des qualitez plus avantageuses, non seulement pour la conservation du corps, mais aussi pour la perfection de l'esprit: l'experience nous apprenant qu'un homme a d'autant plus de solide & de capacité pour les sciences, qu'il a plus d'étenduë & de fermeté d'esprit, ce qui est un effet de la chaleur & de la secheresse. Aussi voyons nous que les femmes se sont toujours moins appliquées à l'étude & à la meditation. Et pour marque que cela vient plûtost du temperament que de la coûtume, c'est que de tout temps & par toute la terre elles ont fait paroistre un esprit borné superficiel & badin, ne s'occupant que de bagatelles, de modes, de châsons, de comedies, de promenades, & ne recherchant que de vains ajustemens, sans se soucier des vrais ornemens de l'esprit qu'autant qu'ils pouvoient contribuer à relever la beauté du corps ou bien a en couvrir les défauts. Et sans sortir de chez nous, il est aisé de remarquer qu'elles sont bien moins capables d'application que les hommes, ne pouvant soûtenir une conversation serieuse où l'imagination & la memoire ne sçauroient tenir la place du jugement, s'ennuyant avec les personnes d'un solide entretien, en un mot ne pouvant s'arrester long-temps sur un mesme sujet pour le bien considerer. Sans quoy tout le monde sçait qu'il est impossible de juger des choses sainement, sans prevention & avec solidité, qui sont des conditions absolument necessaires pour éviter l'illusió & pour trouver la verité.

Il faut avoüer pourtant qu'elles ont une merveilleuse facilité de parler, les mots leur venant à la bouche, comme s'ils n'estoient faits que pour elles. Mais il ne faut pas se laisser surprendre à ce faux brillāt qui trompe & éboüit ceux qui confondent la facilité de penser avec la facilité de s'énoncer. Ce sont deux avantages qui se rencontrent rarement dans un mesme sujet, parce qu'ils viennent de deux causes presqu'inalliables: la volubilité de la langue estant quasi toujours accompagnée de la legereté d'esprit.

Le talent que les femmes ont de bien expliquer leurs pensées, n'est pas la seule chose qui previenne les hommes favorablement pour elles. Elles ont encore la beauté & la grace, la politesse & l'enjoüement qui concourrent à tromper ceux qui confondent l'apparence avec le fond. On est si accoûtumé à se laisser toucher aux manieres, que presque tout le monde les prend pour la regle des jugemens qui se portent sur le merite des personnes. De sorte que comme il y a pour l'ordinaire quelque chose qui touche & plaist davantage dans les manieres des femmes, je ne m'étonne pas qu'il se trouve des gens qui jugent si avantageusement de leur esprit. Et il est bon de les avertir que cette beauté dont les hommes sont idolatres n'est qu'un masque trompeur qui couvre une infinité de défauts. Je veux dire que la beauté des femmes vient de leur imperfection & que si elles n'avoient point tant d'humidité ny de froideur, ni les mauvaises qualitez que nous avons fait voir qui resultent de celles-là, elles n'auroient pas ces charmes qui leur soûmettent le cœur & l'esprit de la plûpart des hommes.

Ainsi toutes choses contribuent à nous convaincre de la noblesse & de l'excellence des hommes, & que ce n'est point par injustice qu'ils ont pris le premier rang dans la societé : puisque ce qui leur donne moyen de travailler plus aifément à leur propre confervation, les rend en mefme temps plus capables de concourrir à celle des autres, ce qui a efté le feul but de la nature quand elle nous a rendus fociables. A quoy l'on peut ajoûter que la fubordination fi abfolument neceffaire en toute forte de focietez demande que le plus foible, cede au plus fort, le moins fage à celuy qui l'eft davantage ; En un mot, que celuy qui a plus de talent pour commander avec prudence, & pour executer avec fuccez, foit confideré comme le premier.

Pour bien connoiftre encore auquel des deux fexes

cela doit appartenir, l'on n'a qu'à voir à quoy les femmes sont destinées. Il est constant que leur principal devoir est de former des enfans dans leur sein, & de les élever en suitte. Or il est clair, & l'experience le confirme, que cette obligation les rend sujettes à mille infirmitez qui les rendent incapables des plus hautes fonctions de la societé, en leur ostant la santé, la force, & la liberté d'esprit qui y sont absolument necessaires. Et comme la nature ne fait rien en vain, on doit encore presumer qu'elle ne leur a pas donné des avantages qui leur seroient inutils, dans l'obligation où elles sont de pordes Hommes.

ter la moitié de leur vie les enfans dans leur sein, & l'autre moitié à les élever aprés les avoir mis au monde. Les hommes au contraire, ne sont point sujets par leur sexe à ces maux qui affoiblissent le corps & l'esprit, ils sont entierement exempts des empêchemens qui les pourroient détourner du soin & du gouvernement des familles & des Etats, & ils ont le loisir de mettre en usage les forces & les lumieres que Dieu leur donne pour la conduite des autres.

Les femmes mesmes sont si fort persuadées de toutes ces choses qu'elles s'imaginent qu'on se veut mocquer d'elles quand on leur dit qu'elles pourroient aussi bien que les hommes posseder les dignitez de l'Eglise & de l'Etat, instruire tout un peuple, luy administrer les Sacremens, gouverner un Royaume, Presider dans un Parlement, estre à la teste d'une armée, & faire toutes les fonctions militaires. Cela me fait souvenir de ce que disoit une Dame tres-spirituelle, sur le sujet de l'égalité des sexes, que ceux qui la soûtenoient ne songeoient point à l'empéchement de la grossesse ny a toutes ses suites, & que cette seule consideration devoit faire rabattre beaucoup de cette haute estime que l'on témoigne avoir pour les femmes. Elle ajoûtoit encore fort judicieusement que les femmes sont si éloignées de pouvoir gouverner les autres, qu'elles sont incapables de se gouverner elles-mesmes, le témoignant assez par la soumission aveugle qu'elles ont pour les hommes qui les dirigent; ayant toûjours eu recours à eux pour apprendre leur devoir, & prêchant sans cesse cette déferance aux sentimens de leurs superieurs, comme la vertu la plus convenable à leur sexe. Tant il est vray que la préeminence appartient au nostre, comme au plus parfait & au plus noble, & l'authorité comme au plus capable & au plus digne de la posseder.

Afin que l'on ne prenne point le change, lors que nous preferons les hommes aux femmes, il est à propos d'observer que l'on peut comparer les deux sexes en deux façons, ou bien en general, & selon leur totalité, en prenant toutes les personnes de chacun, ou bien en particulier & en détail, comparant certains hommes avec certaines femmes. Quand on demande si un sexe est égal à l'autre, on ne parle point de quelques particuliers, estant certain qu'il se trouve des femmes plus capables que des hommes, & des hommes plus foibles que des femmes; cela se doit entendre de tous les hommes & de toutes les femmes, les comprenant tous sous l'idée generale de leur sexe avec ses qualitez particulieres.

De sorte qu'il est inutile de nous opposer les exemples que l'histoire nous fournit de femmes fortes qui ont excellé dans les sciences & dans les Arts, gouverné de grands Empires, & donné des marques d'un courage & d'un esprit heroïque. Car outre que le nombre de ces femmes est tres-petit en comparaison des hommes, il est certain que comparant ceux qui ont éclaté dans le mesme genre, on trouvera que les hommes ont toujours surpassé les femmes, & que quelque habilité & quelque vertu qu'elles ayent fait paroître, il y a toujours eu des hommes qui en ont eu davantage.

On peut ajoûter à cela, sans dessein de rabaisser le merite des femmes, qu'il est de la prudence de ne pas croire tout ce que l'on en a dit de bien, non plus que ce que l'on en a dit de mal. Nous ne sçavons que trop combien l'on est sujet à les flatter, en exagerant ce que l'on croit y trouver digne d'estime. On admire en elles les moindres choses quoy que communes, & encore plus celles qui paroissent nouvelles & extraordinaires. Qu'une femme aime un peu les belles choses, qu'elle en parle passablement, qu'elle témoigne prendre plaisir aux entretiens des sçavans, on en fait aussi-tost une heroïne digne des statuës & des Autels, une merveille qui n'a jamais eu de semblable. C'est toute autre chose de celles qui sçauront un peu tourner une lettre, ou une petite poësie, composer un Roman, une Historiette, un Almanach. Tous ceux qui les connoissent deviennent leurs adorateurs, l'on ne trouve point d'encens assez precieux pour leur en donner, on en fait une dixiéme Muse, & c'est beaucoup d'honneur à Apollon d'étre son premier galant. Qu'un homme ait du talent pour ces choses, qu'il y excelle, on croit luy faire grace de l'eſtimer un peu plus que le commun ; mais quelque habile qu'il puiſſe eſtre, on n'en parlera jamais avec tant d'éloge que d'une femme beaucoup au deſſous de luy. La raiſon de cela eſt que toutes ces choſes ſont ordinaires entre les hommes, & tres-rares parmy les femmes.

Quel fonds peut-on faire ſur les loüanges que l'Hiſtoire donne à ces grandes Princeſſes qu'elle vante tant, quand on conſidere que le bon-heur des hommes, & particulierement des Grans, leur tient ſouvent lieu de merite, & que chacun loüe ou blâme leur conduite, ſelon ſon caprice & ſes intereſts, dans les choses où ils n'ont souvent rien contribué que de leur authorité.

Je ne dis rien non plus de la vertu des Dames Illustres; pour en parler comme il faut, il seroit necessaire de faire voir qu'il y a bien de l'opinion dans ce que le monde appelle vertu, & qu'elle est plus souvent un effet de l'imagination que de la raison.

DE L'EXCELLENCE DES HOMMES CONTRE L'EGALITÉ DES SEXES.
SECONDE PARTIE.

Que selon l'Ecriture Sainte, les femmes ne sont point égales aux hommes.

JE ne sçay pas si les preuves dont se servent nos Adversaires pour établir leur opinion, paroîtront plus convaincantes que les nostres, à ceux qui prendront la peine de les comparer sans interest : mais je suis bien assuré qu'elles n'en égaleront jamais la force, lors que l'on y aura joint le secours de l'Ecriture.

La raison humaine est si foible & si aveugle que l'on a toujours lieu de s'en défier, & de craindre qu'il n'y ait de l'erreur dans les lumieres que les hommes tirent de leur propre fond. Mais tous les doutes se dissipent à la veuë de l'Ecriture Sainte, parce qu'elle est aussi certaine & aussi infaillible que Dieu même, comme estant sa propre parole, & ne contenant que les veritez qu'il a eu la bonté de nous apprendre luy-mesme. De sorte que si l'on peut faire voir qu'il y a une parfaite harmonie entre les témoignages de l'Ecriture, & les raisonnemens que nous avons employez, le sentiment de l'inegalité des sexes doit passer pour incontestable, & le sentiment contraire, pour une opinion entierement fausse & erronnée.

On peut raisonnablement présumer que l'Ecriture nous favorise, puisque dans l'Eglise Juifve & Chrestienne, à qui elle sert de fondement & de regle, l'on a toujours consideré les femmes comme estant d'un sexe beaucoup inferieur au nostre, & que tous les établissemens qu'on y a faits en nostre faveur, n'ont pû avoir d'autre raison que cette verité.

Il est vray qu'il y a eu quelques Docteurs particuliers comme S. Hierosme, qui ont soûtenu le contraire, mais l'on n'a jamais prétendu que le sentiment de deux ou de trois personnes fust assez fort pour contre-peser l'authorité de plusieurs siecles. Et il ne seroit pas difficile de justifier que la tradition est pour nous, en rapportant les passages des Peres de l'Eglise, de siecle en siecle, qui ont reconnu entre les sexes la difference que nous y avons remarquée. Mais parce que cela pourroit estre ennuyeux, & que peu de personnes doutent que cela se puisse faire, & que d'ailleurs il faudroit commancer cette tradition par les livres de l'Ecriture qui en sont le fondement, comme de toutes les autres, il suffira de rapporter les passages de celle-cy qui confirment la creance commune.

J'avouë que l'Ecriture ne dit nulle part en termes formels que les femmes ne sont point égales aux hommes : mais cela se doit conclure de ce qu'elle dit des uns & des autres, & de la conduite qu'elle nous apprend que Dieu a toujours tenuë à leur égard.

Nous sçavons par raison & par experience, que les femmes sont d'un temperament qui les rend plus foibles que les hommes : Et le Saint

Esprit le confirme par la bouche de S. Pierre, lors qu'il avertit les maris d'avoir égard à leurs femmes comme au vaisseau le plus foible.

1. Ep. 3. 7

De ce que les femmes sont froides & timides, on a conclu qu'elles n'ont pas beaucoup de courage ny de hardiesse, d'où vient que lors qu'on voit une femme qui est hardie, on la regarde comme ayant quelque chose qui est extraordinaire & peu convenable à son sexe, & qui peut la faire éloigner des bornes que la raison, la bien-seance & la nature luy prescrivent. Ce que l'Ecriture confirme par la bouche du Sage en ces termes. *Vne fille hardie donne de la confusion à*

Eccl. 21. 5.

son pere & à son mary.

C'est pour la mesme raison que la pudeur qui naist de la foiblesse & de la timidité, fait un des plus beaux ornemens des femmes, & leur est particulierement recommandée, & qu'au contraire quand elles ont perdu cette excellente qualité, on les regarde comme vicieuses. C'est sur cette consideration que l'Ecclesiastique nous enseigne que *la colere & le man-* Eccl. 25. *quement de respect ou de pudeur* 29. *dans une femme est une source de confusion... & qu'il faut se don-* 26. 13. *ner de garde de ses yeux quand la pudeur en est perduë*

Nous avons vû qu'au lieu que la chaleur & la force qui sont particulieres aux hom-

H iiij

mes, les rendent capables de toute sorte de vertus, & qu'au contraire la foiblesse qui est si naturelle aux femmes, les porte aux vices opposez. Voyons ce que l'Écriture nous marque de leurs mauvaises inclinations. *La*

Eccl. 25. 26.

malice des hommes n'est rien en comparaison de celle des femmes. Et pour nous en donner une idée encore plus forte, elle ajoûte qu'elle souhaite une méchante femme à ceux qui sont dans le desordre & dans le crime, comme si c'estoit la plus grande malediction qui pust arriver à un homme que d'avoir une mauvaise femme.

Eccl. 25. 23.

Il vaudroit beaucoup mieux demeurer avec un lion ou un

dragon, qu'avec une méchante femme.

Un homme avec une mechante femme, c'est comme deux bœufs sous un mesme joug qui se battent toujours ensemble, & celuy qui la tient avec luy est comme un homme qui prend un scorpion avec la main.... Et c'est un sujet continuel de mortification, de tristesse & de douleur que demeurer avec elle. Il est manifeste selon les deux premiers versets, que les femmes sont plus portées au mal que les hommes, & selon les deux autres que les effets de leurs mauvaises inclinations sont plus à craindre : & selon les deux que l'on va citer, elles se laissent aller tres-aisément au mal à cause de leur foiblesse,

Eccl. 26. 10.

16. 8.

si elles ne sont observées & retenuës tres-étroitement.

Eccl. 25. 34. *De mesme que pour empêcher l'eau de se répandre & de se perdre, vous ne luy donnez pas la moindre ouverture, ne donnez pas aussi la moindre liberté à une femme portée au mal, car si elle n'est toujours sous vos yeux & à vostre costé, elle vous couvrira de confusion.*

Eccl. 26. 23. *Redoublez vostre vigilance & vos soins, quand vous voyez que vostre fille ne s'éloigne point de l'occasion, car elle ne manquera pas de s'en servir si elle se presente.*

La foiblesse est encore le principe de la jalousie & de la colere, & la colere de la vengeance & de la cruauté.

Eccl. 28. 9. *La jalousie d'une femme perce*

l'ame de douleur & la remplit de tristesse.

Quand une femme est jalouse, sa langue est comme un fleau qui se fait sentir sans cesse. Il n'y a point de colere comparable à celle d'une femme.

C'est l'humidité & la legereté qui causent cette humeur opiniastre, impatiante, querelleuse & criarde, qui est si ordinaire aux femmes. Il vaut mieux habiter dans une terre deserte & abandonnée qu'avec une femme qui aime à crier & à quereller... une femme contrariante est semblable à un toit d'où l'eau dégoutte sans cesse durant l'hyver. *Prov. 21. 19.* *27. 15.*

La méchante langue d'une femme est à un homme paisible, ce qu'est une montagne sablon- *Eccl. 25. 27.*

neufe aux pieds d'un vieillard.

L'Ecriture nous voulant faire entendre par ces paroles que la contradiction & l'opiniâtreté des femmes eft la caufe ordinaire de leurs cris & de leurs difputes, & une fource continüelle de difcorde & de querelle.

Nous avons vû encore que la foibleffe, la timidité & la legereté qui font les premieres qualitez du temperament des femmes, les rendent plus capables de tromperie & d'artifice. C'eft pourquoy le Sage nous donne cét avis: Prov. 5. 2. *Prenez garde de vous laiffer furprendre aux artifices des femmes.*

La conftitution froide & humide eft encore le principe de la legereté, de l'inconftance, de l'infidelité dans les secrets, & c'est ce que fait entendre ce passage. *Soyez maître de vostre langue & retenu dans vos paroles en presence de vostre femme*; comme s'il disoit qu'il faut prendre garde à ce que l'on dit devant les femmes, & estre tres-circonspect dans les choses qu'on leur découvre. Mich.7.5.

De tout ce que nous avons avancé sur leur temperamment, nous avons conclu qu'elles ont beaucoup moins de raison & de sagesse que les hommes, & qu'elles sont par consequent bien moins capables de commander. Cela s'accorde parfaitement avec ces paroles. *I'ay cherché par* Eccl.7.29. *tout de la raison & de la sagesse,*

De l'excellence de mil hommes, je n'en ay trouvé qu'un qui en eust, & de toutes les femmes je n'en ay trouvé pas une.

Eccl. 9. 2.

Ne donnez point de pouvoir sur vous à une femme, de peur que s'estant renduë la maistresse de vostre esprit, vous n'en receviez de la confusion....

25. 3.

Quand les femmes ont une fois pris l'autorité & l'avantage, elles deviennent fâcheuses & contraires à leurs maris.... Que les femmes, dit l'Apostre, *ne prennent point d'empire ny de domination sur leurs maris.*

Il est vray que la sagesse est extrémement rare; puisqu'entre mil hômes on ne la trouve qu'en un seul. Mais comme elle ne se trouve en aucune femme, cela suffit pour nous donner l'avantage. Et il ne faut pas confondre icy la modestie qui n'est qu'une certaine retenuë dans les regards, & dans les autres actions, selon les regles de l'opinion & de la coûtume, avec la sagesse veritable, qui est une connoissance claire & distincte des choses, fondée sur les plus hautes maximes de la raison.

On ne peut pas oster cette loüange aux femmes d'estre modestes & retenuës, mesmes jusqu'à l'excez & au scrupule; mais on ne peut pas dire qu'elles soient veritablement sages & vertueuses, n'ayant pour regle de leur conduite que l'opinion, la coûtume & l'autorité de ceux dont elles se laiſſent gouverner.

Que ſi cela s'appelle avoir de la ſageſſe & de la vertu, les enfans en ont autant que les femmes, & il n'y a ny vice ny folie qui ne merite un nom contraire, n'y en ayant point qui n'ait paſſé autrefois, ou ne paſſe aujourd'huy en quelqu'endroit du monde, pour ſageſſe & vertu, comme eſtãt appuyé ſur la coûtume, ſur l'exemple & ſur l'autorité de pluſieurs hommes.

De ſorte que comme l'on doit avoir une ſageſſe accomplie pour gouverner, c'eſt-à-dire pour tenir la place de Dieu, qui eſt la raiſon, la ſageſſe & la verité meſme, on ne doit pas s'étonner que l'Ecriture aprés nous avoir averty que les femmes ne possedẽt pas ces avantages, deffende aux hommes de s'en laisser gouverner, & à elles de prendre autorité sur nous.

Cette deffense est fondée sur ce que le Sage & l'Apôtre avoient remarqué dans les femmes cet esprit de domination dont on s'est toujours plaint, & que l'on a regardé comme une des plus grandes marques de l'impuissance naturelle où elles sont de commander. Car il est constant que plus on recherche l'autorité, plus on témoigne que l'on en est indigne; ceux qui la poursuivent avec tant d'ardeur, n'ayant en veuë que leur avantage, aux dépens de ceux qui sont au dessous d'eux. C'est pourquoy les femmes estant si furieusement imperieuses, vaines, molles, sans solidité, ny jugement, sujettes au caprice & aux emportemens, leur domination ne pourroit estre qu'un sujet de malheur & de confusion pour les hommes.

C'est ce que Dieu voulut faire entendre à son peuple, lorsqu'il le menaça, par le Prophete Isaïe de luy donner des enfans & des effeminez pour Princes. Car si c'est une punition & une marque de la colere de Dieu, d'estre sous la domination de ceux qui se sont revestus de l'esprit & des imperfections des femmes, que sera-ce d'estre sous celle des femmes mesmes qui sont la source des défauts, dont les effeminez n'ont pris que la teinture.

Ce qui rend encore la domination des femmes si dangereuse, c'est que les hommes perdroient sous leur empire, la force & la vigueur de leur sexe, en se laissant aller à la mollesse & à l'humeur vaine & voluptueuse de ce sexe, comme l'on suit d'ordinaire les mœurs de ceux dont on est gouverné.

Ce malheur n'est déja que trop ordinaire ; puisque les hommes qui ont esté élevez parmy elles, ou qui les ont trop frequentées, sont devenus mous, lâches, effeminez, n'aimant que le plaisir & la bagatelle, & s'étant rendus incapables de tout ce qui demande du travail de corps ou d'esprit.

On remarque au contraire que comme elles ne se divertissent que froidemẽt, quand elles n'ont point de chapeaux avec elles; (c'est leur terme) elles n'ont jamais plus d'esprit que quand elles vivent parmy les hommes. On voit en effet que celles qui se trouvent avec eux, sont fortes, courageuses, asseurées, commodes, & spirituelles, autant que le sexe le peut permettre, au lieu que les autres sont craintives, honteuses, farouches, & ont ensuite plus de peine à s'apprivoiser: Tant il est vray que les femmes ne sont pas propres à gouverner.

Et lorsque l'Apostre en rend la raison en ces termes, *ce n'est pas Adam qui a esté seduit, mais c'est Eve qui l'a esté.* C'est comme s'il eust dit que de mesme qu'Adam est tombé dans le precipice pour avoir écouté sa femme, ceux de ses descendans qui suivront son exemple seront exposez à un semblable malheur ; Ces autres femmes n'estant pas moins propres que la premiere à estre les organes du demon pour la ruïne des hommes.

C'est ce que l'Ecriture nous apprend par la maniere forte & pressante dont elle en parle pour nous en donner de l'éloignement, & nous faire comprendre combien il faut de prudence & de précautiõ pour se conduire sans peril avec elles, & combien leur commerce, & leur affection nous peuvent estre dangereuses.

Eccl. 42. 12.

25. 33.

42. 13.

Ne vous arrestez point au milieu des femmes... le peché a commencé par les femmes, qui sont ainsi la cause de la ruine & de la mort de tous les hommes. L'iniquité de l'homme vient de la femme, comme le ver vient de l'habit. C'est pourquoy l'iniquité d'un homme est preferable aux bien-faits d'une femme.

Je demande ce que l'on doit penser des personnes dont le saint Esprit prend un si grand soin de nous éloigner. Pourquoy les femmes sont-elles tant à craindre? C'est parce que l'iniquité de l'hôme vient de la femme, comme le ver vient de l'habit. N'est ce pas à dire que les femmes sôt extrémement portées au mal, puisqu'elles y portent les hommes aussi necessairement que les vers naissent de l'étofe ? Comment y sont-elles portées? par leur inclination, n'y ayant point de malice comparable à celle d'une femme.

Comment nous y portent-elles ? par tout ce qu'elles ont. 1° Par leur visage & par leur beauté. *Ne regardez* Eccl. 9.5. *point le visage d'une jeune fille, de peur que sa beauté ne devienne pour vous un sujet de chute & de scandale.*

2° Par leur langue & par leurs discours. *Eloignez-vous* Prov. 2, 16 18.

De l'excellence d'une femme qui employe dans ses discours la douceur & les caresses, sa maison est penchée du costé de la mort, & les chemins qui y conduisent sont des chemins de perdition. Ceux qui y sont une fois entrez n'en reviennent point, & ne peuvent jamais reprendre le chemin de la vie.

3. Par les habits, les parures & les ornemens. Détournez vos yeux de dessus une femme qui s'est parée. *La beauté & les ajustemens des femmes ont causé la ruine d'un grand nombre de personnes, en allumant dans leurs ames, le feu impur de la concupiscence.*

Eccl. 9. 9.

4. Par les chansons, par les danses & par toutes les actions

actions qui peuvent donner de la grace. *Ne frequentez point les femmes qui aiment à chanter & à danser, & ne les écoutez point, de peur de vous laisser surprendre par leurs charmes.* Eccl. 9. 4.

5. Par les ris, par les pleurs, & par tous les artifices imaginables qu'elles mettent en usage pour nous engager à les aimer. *Ne vous laissez pas surprendre aux artifices dont les femmes se servent pour tromper.* Prov. 5. 11

6. Enfin par le bien mesme qu'elles nous peuvent faire. *Puisque l'iniquité d'un homme est preferable aux biens-faits d'une femme.* Eccl. 42. 14

Et certes il faut que l'esprit & le commerce des femmes soit bien dangereux, puis qu'il est capable de faire apostasier les sages mesmes: c'est à dire, puisque la sagesse qui est le plus fort rempart que les hommes puissent avoir, n'est pas capable de les mettre à couvert de leurs atteintes, ny de les garentir d'une ruine si épouventable. *Le vin & les femmes font apostasier les sages mesmes.*

Eccl. 19. 2.

C'est ce qui a fait dire autrefois à un sçavant Pere de l'Eglise, que les hommes n'ont point de plus grand mal, ny le demon d'armes & de traits plus pointus & plus perçans que les femmes.

S. Chrys.

Et c'est sur ce principe que S. Jerôme exhortoit Nepotien à s'en éloigner par ces paroles. *Que les femmes n'entrent jamais dans vostre logis. Aimez ou ignorez également toutes les jeunes filles, & faites en sorte de ne demeurer avec aucune dans la mesme maison. Ne vous confiez point sur la chasteté où vous avez vécu jusqu'icy: Mais souvenez-vous que vous n'estes ny plus fort que Samson, ny plus Saint que David, ny plus sage que Salomon, & que si les femmes ont pû seduire Adam, Samson, David, Salomon, Saint Pierre, & une infinité d'autres grands hommes, vous ne devez pas esperer d'estre en asseurance avec elles.*

Et de peur que l'on ne s'imagine que les femmes ne sont

pas un sujet & une occasion prochaine de scandal pour les hommes, dans tous les états où elles se trouvent, L'Ecriture nous deffend également de regarder les jeu-

Eccl. 9. 5. nes filles, bien loin de nous permettre de nous entretenir avec elles : de nous ar-

9. 12. rester avec les femmes mariées, & nous ordonne d'é-

1. Tim. 5. viter avec soin les jeunes
11. veuves : parce que dans tous ces états elles portent toujours ce levain contagieux qui empeste & envenime les cœurs.

Que si l'on ajoûte à cela que le Sauveur du monde estime heureux ceux qui se sont rendus Eunuques, c'est à dire qui ont renoncé aux femmes pour le Royaume de Dieu ; que dit le S. Esprit par la bouche de S. Paul, *Qu'il est bon que l'hôme ne touche aucune femme:* & par la bouche de S. Jean ; *Ceux qui suivẽt l'agneau par tout où il va, ce sont ceux qui sont vierges & ne se sont point souillez avec les femmes,* il sera aisé de juger que Dieu considere les femmes bien autrement que ceux qui tâchent de les élever si haut.

Math. 19. 12.

1. Cor. 7. 1.

Apoc. 14 4.

Qu'il paroist par la conduite de Dieu qu'il a toûjours plus estimé les hommes que les femmes, & qu'il a ordonné que celles-cy fussent soûmises aux autres comme leur estant inferieures.

APES avoir rapporté les paroles de l'Ecriture, qui nous marquent les jugemens que nous devons faire du merite des femmes; Voyons maintenant par la conduite de Dieu à l'égard des deux sexes, lequel il a estimé le plus. Je ne croy pas que l'on puisse douter serieusement que ce ne soit les hommes pour lesquels il a plus d'estime, Si l'on considere, 1. Qu'il en a pris les noms & les qualitez, se nommant luy-mesme *le Seigneur, le Pere, le Souverain, Roy, Infiny, Tout-Puissant, Misericordieux*, & qu'il a donné lieu, en parlant par la bouche de ses Prophetes, de nous le representer sous la figure d'un homme, & nullement fous celle d'une femme. 2. Qu'il ne demanda que les maſles *Exod. 13.* pour luy eſtre conſacrez. 3. Qu'il demandoit pour le rachapt de leurs vœux une fois plus que pour les femmes : en ſorte qu'elles ne *Levit. 2.* payoient que dix ſicles lors que les hommes en payoient vingt. Or il eſt certain que l'on ne doit conſacrer à Dieu, particulierement quand c'eſt par ſon ordre, que ce qu'il y a de plus digne & de plus excellent. Et comme la rançon repreſente la choſe pourquoy on la donne, on doit juger que de deux choſes que l'on rachete, celle-là eſt de moindre valeur dont la rançon eſt plus baſſe.

Ce qui marque encore plus clairement la différence que Dieu a mise entre l'homme & la femme, c'est l'ordre qu'il a gardé dans leur création. Quoy qu'il pust aussi bien commancer par la femme que par l'homme, ou bien les former tous deux en mesme temps ; neanmoins il forma l'homme le premier ; ayant sans doute, jugé à propos, dans le dessein qu'il avoit d'instituer une societé de deux personnes, de commencer par celuy qui devoit en estre le chef & le Maistre, & en cette qualité estre revestu des talens qui luy estoient necessaires pour exercer l'authorité qu'il auroit.

C'est assurément dans cette pensée que l'Apostre ordonne aux femmes de se faire instruire par les hommes, dans le silence & avec soûmission, *parce que Adam a esté creé le premier, & Eve l'a esté aprés luy.* Ne doutant point que la primauté d'Adam ne supposast en luy quelqu'autre prérogative, comme la capacité d'instruire & de commander; la qualité de premier étant toute seule trop peu considerable pour meriter un si grand avantage. De sorte que l'on doit croire que la primauté de naissance estoit une marque de la primauté de noblesse & d'excellence. Or comme nous sçavons que

1. Tim. 2.

Dieu n'a jamais manqué de donner aux hommes les qualitez particulieres dont ils avoient besoin pour s'acquiter des emplois ausquels il les destinoit; Nous jugeons bien aussi qu'il étoit de sa sagesse de donner à nostre sexe plus de talens qu'à l'autre, puis qu'il le destinoit au gouvernement du monde.

Cette prérogative de l'homme au dessus de la femme, se conclut encore sans difficulté des circonstances & de la maniere dont l'Ecriture raporte que la premiere femme a esté créée. En voicy les propres termes. *Le Seigneur ne jugeant pas avantageux pour l'homme qu'il fust seul, resolut de luy*

Gen. 1.

donner une aide qui luy fuſt ſemblable, & n'en trouvant point parmy les autres animaux, il l'endormit d'un profond ſommeil, pendant lequel il luy leva une coſte dont il forma une femme, qui fut nommée d'un nom qui marque qu'elle a eſté tirée de l'homme. Cette hiſtoire nous apprend que non ſeulement la femme a eſté creéé aprés l'homme, mais encore qu'elle a eſté faite pour luy, comme le reſte des creatures, & pour le ſervir en tout, & meſme qu'elle a eſté tirée de luy; Dieu l'ayant voulu de la ſorte pour apprendre aux femmes comment-elles doivent traiter leurs maris, c'eſt-à-dire avec reſpect & avec ſoûmiſſion, comme des perſonnes pour le service desquelles il les a faites, & d'une maniere approchante de celle dont les enfans sont obligez de traiter ceux qui leur ont donné la vie. Et c'est pour cela que Dieu voulut qu'Eve portast un nom qui la fit souvenir sans cesse de son origine & ensuite de sa soûmission & de son devoir.

Il faut rapporter à cela ces paroles de l'Apostre, qui aprés avoir dit que les femmes doivent avoir la teste couverte en faisant leurs prieres, ajoûte ; *Pour ce qui est de l'homme, il ne doit point se couvrir la teste, parce qu'il est l'image & la gloire de Dieu; au lieu que la femme est la gloire de l'homme. Car l'homme n'a pas*

1. Cor. xj. 7.

esté tiré de la femme, au lieu que la femme a esté tirée de l'homme, & l'homme n'a pas esté creé pour la femme, mais la femme pour l'homme. C'est pourquoy la femme doit porter sur sa teste la marque de la puissance que l'homme a sur elle. Ce passage montre évidemment que ce n'a pas esté sans mystere que Dieu a gardé dans la production de la femme l'ordre que la Genese nous apprend. Et il est encore tres-clair que si selon la pensée de saint Paul, que nous avons rapportée avant celle-cy, les femmes doivent se regarder comme inferieures aux hommes, en considerant simplement qu'ils ont esté creéz les premiers, elles le doivent encore à plus forte raison, en considerant qu'elles n'ont esté créées que pour leur servir d'aide & de secours, & que la premiere a outre cela esté tirée du corps de son mary.

Il est encore bon de remarquer une autre raison de soûmission que l'Apostre ajoûte à celle-là, qui est que l'homme est l'image & la gloire de Dieu, au lieu que la femme est la gloire de l'homme: ce qui est un autre regard particulier que la femme doit avoir pour l'homme, en se soûmettant à luy comme à une creature qui represente la divinité d'une maniere particuliere. Ce qui suppose que l'Apostre a crû qu'il y avoit en l'homme des caracteres plus vifs & plus grands de celuy dont il est l'image, lesquels ne consistent pas simplement dans la puissance qu'il luy a donnée sur la femme, mais aussi dans les talens naturels & necessaires pour l'exercer, tels que sont par exemple, la hardiesse, la fermeté, le jugement, qui ne se trouvent pas dans les femmes en un degré si parfait.

Nous en avons une preuve tres-convaincante dans la conduite de la premiere, dont la chute funeste à causé la ruine de son mary & de toute sa posterité ; le demon sans doute ne s'estant adressé à elle d'abord que parce qu'il la croyoit la plus foible, la plus legere, & la plus facile a gagner par de vaines esperances: & Dieu l'ayant permis de la sorte, pour apprendre aux hommes à ne se pas laisser indignement gouverner par les femmes, suivant cet excellent conseil que le Sage nous donne, & que nous avons rapporté, de ne point laisser prendre à ce sexe de puissance sur nostre esprit, de peur qu'il ne cause nostre perte.

C'estoit apparemment sur la consideratiõ de cette foiblesse que S. Paul regloit autrefois une partie du devoir des femmes en ces termes. *Ie ne permets point aux femmes d'enseigner ny de prendre autorité sur leurs maris: mais je leur ordonne de demeurer dans le silence. Car Adam a esté formé le premier & Eve ensuite; & Adam n'a pas*

Tim. 2. 12.

esté seduit, mais la femme ayant esté seduite est tombée dans la dsobeïssance. Ce qui doit porter à croire que de même que sl'Apostre en ordonnant aux emmes de se soumettre à eurs maris, parce qu'Adam a esté créé le premier, suppose que cette primauté estoit soutenuë par les qualitez propres pour le gouvernement, il doit pareillement supposer que la chute d'Eve a esté l'effet d'une foiblesse qui n'estoit point dans Adam, & qui est naturelle à tout le sexe qu'elle representoit, puisqu'en cette consideration il ordonne aux femmes de demeurer soumises à leurs maris, & leur deffend en mesme temps de prendre autorité sur eux.

C'est ce qui a fait dire à un sçavant pere de l'Eglise qu'il est juste que la femme ayant fait tomber l'homme dans le peché, se soumette desormais à sa conduite, de peur que la facilité si ordinaire à son sexe, ne la fasse tomber encore une fois.

Ambr. in hexam.

Ainsi c'est se tromper grossierement que de soutenir que l'estat où les hommes & les femmes ont vécu jusqu'ici est un estat violent & contraire à l'institution de la nature, puisqu'il a toujours subsisté depuis le commancemét du monde, & qu'il est si conforme à l'ordre que l'Auteur mesme de la nature a étably. La Genese y est si formelle, que c'est une chose étonnan-

3.

te qu'il se trouve des gens qui semblent avoir encore quel- difficulté là dessus. Aprés que Dieu eust reproché à Eve, la faute qu'elle venoit de faire, *Vous serez desormais*, luy dit-il, *sous la puissance de vostre mary, & il aura sur vous une autorité de domination*. Douter que Dieu ait donné aux hommes par une declaration si expres- se, tous les avantages dont ils jouïssent aujourd'huy à cause de la dignité & de la préemi- nence de leur sexe ; c'est pis que si l'on doutoit d'une do- nation conçeuë dans les ter- mes les plus clairs par une personne qui auroit tout le droit & toute la capacité de la faire. Et certainement on a lieu de croire qu'un homme est grand amateur de la nouveauté, ou étrangement temeraire, ou bien qu'il a reçeu de Dieu des lumieres nouvelles, pour s'aviser de nous contester un droit si ancien, si juste, & si legitime.

Il est vray qu'en ayant joüy sans trouble depuis tant de siecles, on peut dire qu'il est fondé en partie sur la coutume, c'est-à-dire, sur une ancienne possession qui n'a point esté interrompuë ny disputée. Mais de prétendre que nous en joüissons seulement en faveur de la coutume, comme un particulier joüit par prescription d'un bien sur lequel il n'avoit pas plus de droit qu'un autre, il faut renoncer à la raison & à l'Ecriture.

On ne doit donc plus s'étonner de voir que par toute la terre, parmy les peuples les plus éloignez & les plus sauvages qui n'ont nulle connoissance de l'histoire-sainte, comme parmy ceux qui ont le bon-heur de la posseder, & d'apprendre par son moyen la volonté & la conduite de Dieu, les hommes ayent toujours esté les maistres, & que les femmes soient par tout dans leur dépendance. Car outre que les mâles sont toujours mâles, c'est-à-dire, que la nature ne discontinuë point de les faire naistre avec les avantages qui relevent leur sexe au dessus de celuy des femmes, ils viennent tous d'un mesme homme qui leur a communiqué le pouvoir qu'il avoit reçeu de Dieu, & qu'ils ont porté avec eux dans les cantons de la terre les plus reculez, sans que l'on puisse dire qu'il se soit fait pour cela entr'eux aucune convention.

En effet l'histoire-sainte qui est la seule qui nous apprenne comment les choses se sont passées au commancement du monde nous enseigne que les femmes ont esté toujours regardées comme moins excellentes que les hômes, qu'en épousant pleurs personnes elles ont épousé en mesme-temps leur fortune & leur nom, elles sont entrées dans leurs maisons pour faire partie de leurs familles,

& les ont suivis par tout où ils les ont voulu mener. On ne voit point qu'elles se soiēt mêlées d'autre chose que du ménage & de la premiere éducation des enfans, ny qu'elles ayent eu d'autres fonctions que celles qu'il a plû aux hōmes de leur donner, & dont ils les ont jugées capables. Et l'Ecriture semble les considerer si peu qu'elle ne parle d'elles qu'incidemment, & par rapport aux hommes auſquels elles appartenoient.

On diroit au contraire que cette histoire qui est celle de tout le monde, n'est que l'histoire de nostre sexe. Elle ne parle quasi que des hommes, elle ne conte les generations, les familles & les empires que par eux, & ne nôme presque point les femmes dans les genealogies qu'elle décrit; & elle nous apprend que ce sont les mâles qui ont inventé les arts & les sciences, bâty les Villes, formé les societez, fondé les Royaumes, gouverné les Estats, en un mot qu'ils ont seuls eu le soin de tout ce qui concerne la paix, la guerre, & la Religion.

Ce qui montre encore que cét ordre n'est qu'une suite du premier établissement que Dieu a fait, c'est qu'il luy a plû de le confirmer par des preuves qui ne permettēt pas d'avoir la moindre pensée qu'il y ait de l'injustice. Comme il a eu la bonté de commancer le genre humain par les

les hommes en la perſonne d'Adam, il l'a auſſi conſervé par leur entremiſe en la perſonne de Noë, lorſqu'il purifia la terre par le deluge univerſel, il l'a reparé par le miniſtere de Jeſus-Chriſt & des Apoſtres, & le rétablira aussi par eux au temps de la *Mat. 19.* Reſurrection, où ils jugeront le monde. Et il ſemble que de meſme qu'il a créé Eve pour Adam, il a auſſi conſervé pour Noë ceux qui ſe retirerent dans l'Arche avec luy; & pour Lot, ſa femme avec ſes deux filles. Quoyque Dieu ſoit le Dieu des hommes & des femmes, comme il en eſt le pere & le conſervateur, il ſe nomme neantmoins le Dieu d'Abraham,

K

d'Isaac & de Jacob, & l'on ne trouve point qu'il se nomme ainsi le Dieu des femmes, ny qu'il ait promis de benir toutes les nations en leur faveur, comme il l'a promis à Abraham. Comme ce sont les mâles qui luy ont les premiers dressé des Autels, basti des temples, offert des sacrifices, ils sont aussi les premiers ausquels il s'est communiqué particulierement, & avec lesquels il a contracté des alliances, témoin Noë, Abraham, Jacob, & les autres dont l'Ecriture fait mention.

S'il y a égalité de merite & de capacité entre les sexes, comment Dieu n'y-a-t-il point eu d'égard en les appellant tous deux ou ensemble ou succeſſivement aux emplois & aux dignitez de la Republique Juifve, qui fut formée par ſes ordres, & dont il fut le ſouverain ? il y a grande apparence que puiſqu'il n'a point choiſi les femmes pour adminiſtrer la Juſtice, pour conduire les armées, pour inſtruire & gouverner le peuple, ny pour avoir ſoin des affaires de la Religion, c'eſt qu'il ne les jugeoit pas propres pour des fonctions ſi élevées.

Ce fut pour la meſme raiſon que les Juifs avoient encore dans le mariage des privileges conſiderables. Ils pouvoiēt repudier leurs femmes ſur un ſimple dégouſt. Et la loy leur donnoit la per- *Deut. 24.*

mission & le moyen de s'éclaircir des soubçons qu'ils pouvoient avoir de leur fidelité, au lieu que les femmes n'avoient aucun de ces avantages. Quelque sujet qu'elles eussent d'estre mécontantes dans le mariage, elles n'en pouvoient pas sortir sans le consentement de leurs maris, ni s'informer par des voyes juridiques si ils leur gardoient la foy. Enfin pour marque de leur dépendance, Dieu n'acceptoit point les vœux qu'elles faisoient, si leurs maris ne les avoient ratifiez.

Il est inutile de dire que l'on trouve dans l'Ecriture des exemples de femmes fortes, qui ont rendu la justice, conduit le peuple de Dieu, &

fait paroistre des actions de sagesse & de generosité qui égalent celles des hommes. Nous ne pretendons pas que les femmes soient entieremēt incapables des grandes choses que les hommes executent tous les jours. Nous avoüons qu'il s'en peut trouver d'un aussi grand merite. Nous pretendons seulement comme nous l'avons déja declaré, que prenant les deux sexes selon la totalité des personnes qu'ils renferment, on trouvera plus de qualitez avantageuses dans le nostre.

Ainsi l'on ne peut rien conclure contre nous de cinq ou six exemples singuliers, puisque l'on ne peut pas en faire de propositions generales qui comprennent toute l'espece. Ce qui montre encore le peu de force qu'ont ces exemples, c'est que non seulement ils ne marquent rien qui ne soit renfermé dans quantité de semblables que l'on peut apporter pour les hommes; mais encore on ne peut pas faire voir que si les hõmes eussent esté employez à ces actions genereuses à la place des femmes, ils ne s'en fussent pas mieux acquitez. Je ne dis pas avec plus de succez; parceque l'heureux succez ne dépend pas de nous, & arrive également au fort & au foible, & marque plus de bonheur que de sagesse; je parle des qualitez interieures, qui sont les principes de nos actions.

De plus il faut prendre garde que quand nous parlons de la difference des sexes, nous les considerons plûtost selon ce qu'ils peuvent par les forces qu'ils reçoivent de la nature, que selon ce que la grace peut operer par leur entremise ; parce que ce secours est comme une autre nature qui ne demande point de proportion avec la premiere pour élever indifferemment toute sorte de sujets à des choses qui surpassent l'ordinaire. Et comme Dieu se sert souvent de ce qu'il y a de plus bas & de plus foible pour operer de grans effets, comme il tire sa gloire de la bouche des enfans qui sont encore à la mammelle, il peut aussi employer les femmes aux entreprises dont les hommes sont les ministres & les instrumens ordinaires.

Certainement si les femmes sont ce que leurs Apologistes pretendent, il faut avoüer que les hommes sont bien aveuglez de ne le pas reconnoistre, ou bien injustes de ne les pas traiter selon leur merite. Et il est étonnant que ceux que Dieu a envoyez de temps en temps pour corriger les erreurs & les dereglemens du môde, n'ayent point parlé de celuy-là, qui est sans doute le plus ancien, & le plus universel. Les Prophetes, saint Jean, Jesus-Christ & les Apostres sont venus pour porter les hommes à la vertu en se rendant les uns aux autres les devoirs que la raison & la justice leur ordonnent, ils ont averti les riches de faire part de leurs biens aux pauvres, & ils ont recõmandé à tous les hommes de se traiter comme freres, les uns les autres. Enfin Jesus-Christ qui est le maistre de tous & la verité mesme nous a prêché qu'il faut juger des choses selon la verité & nullement selon l'apparence ni l'opinion. Cependant aucun n'a parlé de l'égalité, ny accusé les hommes d'estre dans l'erreur, de croire que les femmes ne sont pas si capables qu'eux de gouverner, ny dans l'injustice, de ne les avoir pas appellées au gouvernement, & de les avoir toujours retenuës dans la dépendance.

Nous avons vû au contraire qu'ils nous ont confirmez dans l'opinion que nous avons, Et que bien loin de nous ordonner de mettre l'autorité entre les mains des femmes, ils nous ont averti de ne leur en donner jamais, & leur ont deffendu à elles-mesmes d'en prendre aucune sur les hommes. Et certes il falloit que l'Apostre fust bien persuadé qu'elles doivent estre dans la soumission, puisqu'il l'a leur a tant de fois recommandée, tantost parce qu'Adam a esté créé le premier, tantost parce qu'Eve a esté faite pour luy, & tantost parce que c'est elle qui a esté séduite & non pas luy ; qu'il veut qu'elles cōsiderent leurs maris comme leurs chefs, de la mesme façon que Jesus-Christ est le Chef de l'Eglise; qu'il ordonne aux vieilles d'enseigner aux jeunes ce devoir si essentiel ; qu'il deffend à toutes de se mêler d'enseigner, voulant qu'elles se fassent instruire en particulier par leurs maris, & qu'il les avertit enfin de travailler à se sanctifier par le soin de nourrir & d'élever leurs enfans, comme la seule fonction pour laquelle Dieu les a mises au monde, & dont elles se doivent croire capables.

Car il est certain que nous ne nous devons croire propres qu'aux choses où Dieu

1. Cor. 7.

nous destine & nous appelle : n'estant pas vray-semblable qu'il nous donne d'autres talens que ceux qui sont necessaires pour arriver à la fin particuliere que sa providence se propose. Or il est constant que les femmes ne sont appellées qu'aux fonctions que S. Paul leur marque, ne leur en donnant point d'autres où elles puissent travailler à leur salut. Et pour montrer qu'en effet toute leur science, toute leur sagesse, & tout leur pouvoir sont bornez par ces limites ; c'est-à-dire que Dieu ne les a faites que pour avoir des enfans, c'est qu'il leur a donné une conformité tres-grande de corps & d'esprit avec les enfans, & une inclination

des Hommes. 229

bien plus forte pour le mariage qu'aux hommes.

Elles ont le corps mou, delicat, infirme, le visage doux & uni comme des enfans. Elles font tendres, credules, opiniâtres, timides, honteuses, ardentes dans leur desirs, impatientes dans leur recherche, emportées dans la jouïssance, changeantes & volages en tout, badines, folatres, friandes, ne respirant que l'oisiveté, les divertissemens, les jeux, les chansons, les dãses. Enfin elles haïssent, elles aiment aisément; elles pleurent, elles rient, elles crient, elles querellent, elles se vengent, on les appaise, on les gagne, on les trompe, en un mot on les tourne comme l'on veut par les caresses, les flatteries, les promesses, les bijoux, les bagatelles, à la maniere des enfans.

C'est pourquoy elles ont toujours été considerées côme eux, vestuës de longues robes, condamnées à la vie privée, comme estant incapables de toutes les Charges publiques, excluës des sciences & des emplois penibles, comme n'ayant pas assez de force ny d'esprit, ny de corps pour les supporter, & renfermées dans un logis sous les aisles d'une mere ou d'un mary, comme estant sujettes à s'égarer quand elles vont seules. C'est pour la mesme raison qu'en plusieurs endroits les hommes ont eu sur elles le mesme pouvoir que sur leurs enfans; qu'ils ont esté chargez de leur conduite, comme en ayant la garde, qu'ils ont esté responsables de leurs fautes, comme en estant les maistres; qu'ils sont exposez à l'infamie quand elles manquent à leur devoir, & qu'ils portent sur la teste les marques de leur propre negligence, & de l'infidelité de leurs femmes, parce qu'ils en sont les chefs.

Et je ne doute point que ce ne soit dans la mesme pensée que le Prince des Apostres, avertit les maris de se conduire envers elles avec beaucoup de circonspection & d'honneur, comme étant des vases plus foibles, c'est à dire d'avoir égard à la foiblesse d'un sexe, que la vanité rend extrémement avide de déferenses & de respects, ombrageux & jaloux comme des enfans qui veulent estre toujours entre les bras de leurs parens, & ne sçauroient souffrir que d'autres partagent avec eux en effet ou en apparence l'amitié qu'ils croyent leur estre duë. Car les maris sont obligez d'avoir en cela de la complaisance pour elles, d'éviter comme de bons peres, tout ce qui est capable de les choquer, ne se point offenser de ce qui vient de leur part, l'interprétant toujours le plus favorablement qu'il est possible, comme y ayant plus d'imprudence & de passion que de malice, quoy qu'elles y soient assez portées.

Quant à l'inclination qu'elles ont pour les enfans & pour le Mariage, on en peut reconnoistre la force en plusieurs manieres. Toutes petites qu'elles soient, elles les recherchent, les manient, les cajollent avec un plaisir singulier, & à leur défaut, les poupées, les petits chiens, lors mesmes qu'elles sont grandes, la figure leur tenant lieu de la realité : Et l'on voit que de quelque condition qu'elles soient, mariées, veuves, prudes, la presence, les cris, les badineries des enfans, les déconcertent, les troublent, & leur font perdre toute la gravité qu'elles affectent.

Les Medecins & les Jurisconsultes conviennent qu'elles sont bien plus propres au Mariage, & plûtost que les masles : Et comme elles le desirent avec plus d'ardeur, estant le remede naturel de plusieurs infirmitez de corps & d'esprit qui sont particulieres à leur sexe, elles s'y engagent bien plus jeunes, avec plus de joye & en plus grand nombre, sans que les suites inévitables & fâcheuses de cét engagement soient jamais le motif qui les en détourne. Rien ne les afflige tant que la sterilité. Il n'y a rien qu'elles ne mettent en usage pour avoir des enfans. Celles qui en ont eu une douzaine desirent encore un treisiéme comme si elles n'en avoient jamais eu, ayant une passion si forte & si ardente, que ny la veuë de ce que souffrent les autres, ny ce qu'elles ont souffert elles-mêmes, n'est pas capable de la r'allentir. De sorte que comme les femmes sont naturellement portées au Mariage, & que cét estat est pour elles un état de dépendance & de soûmission, qui leur oste le moyen & le loisir de s'appliquer à autre chose qu'a des enfans, on doit reconnoistre qu'elles ne sont au monde que pour cela.

Ce n'eſt donc pas ſans raiſon que nous avons avancé au commencement de cette ſeconde partie, que les femmes ont toujours eſté regardées parmy les Chrêtiens de meſme que parmy les Gentils, comme étant d'un ſexe beaucoup moins noble, moins accompli & moins eſtimable que celuy des hommes, & que c'eſt dans la perſuaſion de cette verité qu'ont eſté faits dans l'Egliſe tous les établiſſemens qui concernent l'un & l'autre. En effet, Dieu ayant mis entr'eux une ſi notable difference pour les fonctions de l'eſprit, ayant étably les premiers pour conduire les familles, &

des Hommes. 337

pour gouverner les Etats : ayant fait connoistre là dessus sa volonté, non seulement par les qualitez particulieres qu'il a données a chaque sexe, par l'instinct qui porte l'un à se soûmettre volontairement à l'autre ; par l'ordre qu'il a établi dans la Republique dont il a esté le fondateur & le chef, mais encore par tous les témoignages que nous avons rapportez. Tout cela, dis-je, étant de la sorte, l'Eglise qui est toujours conduite par l'esprit de Dieu, & est la depositaire & l'interprete de ses volontez, a dû suivre les jugemens qu'il a portez, & la conduite qu'il a tenuë à l'égard des femmes.

Aussi voyons-nous que dans l'Etat Ecclesiastique, elles ont toûjours esté éloignées du Ministere, comme dans l'Etat Civil, qu'elles n'ont point esté envoyées pour annoncer l'Evangile, ny pour administrer les Sacremens, par une Mission ordinaire, & que les Canons & les Peres leur ont toujours recommandé le silence, la soûmission & l'obeïssance à leurs maris.

Ainsi l'opinion de ceux qui soûtiennent qu'il y a entre les sexes une égalité entiere est une erreur grossiere & insoûtenable qui ne peut trouver créance que dans les esprits qui aiment la nouveauté, & qui se laissent surprendre par de fausses lueurs : Et l'opinion contraire doit demeurer pour tres-certaine, comme ayant tous les caracteres de verité que l'on peut souhaitter, étant si conforme au sentiment de tous les hommes, de tous les siécles, & de tous les sçavans, & sur tout à l'Ecriture Sainte, qui est la regle de toutes les veritez du monde.

Justification des Anciens qui ont parlé contre les femmes.

JE finirois icy ce discours, si l'Auteur de l'Egalité des Sexes ne s'estoit avisé sur la fin de son livre de vouloir tourner en ridicule les plus illustres d'entre les Anciens qui ne font pas de fon fentiment. Et je croy eftre en quelque forte obligé d'entreprendre leur défenfe, & de faire voir que l'on a tort de les traitter de la forte, ce qu'ils ont écrit des femmes, pouvant recevoir un fens raifonnable. Ce n'eft pas que je prétende qu'il faille fuivre aveuglément leurs opinions, & s'y attacher comme des efclaves, fans fe donner la liberté de les examiner. Je fçay qu'ils ont efté des hommes & fujets à fe tromper, & qu'ainfi l'on doit en ufer à leur égard comme ils ont fait envers ceux qui les ont précedez, & les lire avec difcernement, pour prendre ce qu'ils qu'ils peuvent avoir de bon & laisser ce qu'ils ont de mauvais. Mais enfin le soin qu'ils ont pris de rechercher la verité, la peine qu'ils se sont donnée de nous faire part de ce qu'ils en ont découvert, la reputation qu'ils ont acquise, & les lumieres que nous pouvons tirer de leurs ouvrages, meritent bien qu'on les épargne, qu'on les traite en honnestes gens, & qu'on les interprete le plus favorablement que l'on peut. Et l'on est d'autant plus obligé de le faire en ce qu'ils ont dit des femmes, qu'il faut renoncer à la raison, à l'experience, & à l'Ecriture pour les condamner. S'il y a quelque chose à redire, ce

L

n'est pas d'avoir blessé la verité, mais d'avoir fait des propositions generales qui semblent comprendre toutes les femmes, quoy qu'il y en ait beaucoup qui en doivent estre exceptées. Mais il faut prendre garde à une chose qui est que ces sortes de propositions en matiere de morale ne touchent personne en particulier, parce qu'elles ne regardent que la totalité des personnes. Ainsi on ne doit pas les prendre si à la rigueur, ny les rejetter comme fausses, parce qu'elles le sont en effet quand on vient à en faire l'application sur quelques sujets, autrement il faudroit réformer tout le langage & tous les livres jusqu'à l'Ecriture sainte qui contient plusieurs de ces expressions qui ne sont vrayes que d'une verité morale, c'est à dire parce que les choses arrivent ordinairement d'une telle façon.

De sorte que s'il est vray que Platon ait témoigné douter s'il devoit mettre les femmes dans la categorie des bestes, cela ne se doit pas entendre comme s'il eust douté en effet si les femmes estoient des bestes, luy qui vouloit que dans sa Republique elles eussent part aux mesmes exercices de corps & d'esprit que les hommes. Mais considerant le peu d'esprit & de solidité qu'elles font paroistre, leur bizarrerie, leur opiniaftreté, leur legereté, & leur fureur, lors qu'elles fe laiffent emporter à quelque paffion, & qu'elles ont une fois franchy les bornes que l'on a prefcrites à leur fexe, il a penfé qu'elles eftoient des beftes, au mefme fens que l'on dit d'un homme que c'eft un tigre, un cheval, un lion, un animal, une befte.

On doit interpreter de la mefme façon la parole de Diogene, qui voyant un jour deux femmes qui caufoient enfemble, dit à ceux qui l'accompagnoient que c'étoit un afpic & une vipere qui fe communiquoient leur venin. C'eftoit fans doute deux femmes qui médifoient de quelqu'un, suivant le genie du sexe extrémement sujet à la médisance & à l'envie, qui sont deux proprietez de son temperament. On sçait en effet par experience, que deux femmes ne sçauroient estre long-temps ensemble sans parler du mal qu'elles connoissent dans les autres. Or la médisance étant un venin des plus mortels, ceux qui le soufflent peuvent estre aussi justement comparez à une vipere, que les méchantes femmes le sont dans l'Ecriture à un dragon & à un scorpion.

Les mauvaises qualitez qui rendent capables de médisance sont les mesmes qui rendent incapable de secret

& quand on ne peut s'empescher de découvrir ce qu'on sçait des défauts d'autruy, on a bien de la peine à cacher ce que l'on sçait de particulier. Or ce dernier vice qui a pour causes la foiblesse, l'imprudence, l'indiscretion, la legereté & le babil, est si naturel aux femmes qu'elles sont comme des paniers percez qui ne sçauroient rien retenir. Et comme l'a fort bien remarqué un Auteur Moderne, quand elles sçavent quelque chose, elles crévent, elles étouffent si elles ne se soulagent au plûtost. Un secret est un fardeau qui leur pese extrémement si elles ne s'en déchargent au plûtost. C'est ce qui à fait dire de tout temps que pour répandre une nouvelle en peu d'heures, il n'y a qu'à l'apprendre à une femme, elle fera plus d'effet qu'une douzaine de trompettes. Et c'estoit un sentiment digne de la sagesse de Caton, de demander pardon aux Dieux s'il luy estoit jamais arrivé d'avoir découvert quelque secret à sa femme, puisque le Prophete Michée déclare qu'il ne se faut point fier à elles, & que l'on doit estre retenu dans ses paroles en leur présence.

Quand Aristote se seroit trompé en disant que les femmes sont des monstres, la reputation & le credit où il est, joint à son rare merite, le doivent mettre à couvert de la raillerie & du mépris à cet égard. Par le mot de monstre, l'on entend ordinairement une chose nouvelle & surprenante. Les choses ne surprennent & ne sont monstrueuses que parce que la nature en les faisant, s'est éloignée de sa fin ordinaire. Or quand Aristote assure que les femmes sont des monstres, ce n'est pas qu'il croye qu'elles sont quelque chose de nouveau. Il n'ignoroit pas nõ plus que nôtre Auteur qu'elles sont aussi anciennes & en aussi grand nombre que les hommes. Mais comme il estoit persuadé que

noſtre ſexe eſt le plus parfait, & que la nature tend
toujours à la plus haute perfection, il a eu quelque raiſon de croire qu'elle s'éloigne de ſa fin en la production des femmes, & qu'ainſi
elles ſont une eſpece de mõſ-
tre. Cela ſe peut encore entendre autrement : eſtant
comme un prodige que les
femmes qui ſont ce que nous
avons fait voir, produiſent
des hommes qui en ſont ſi
differens. Elles ſont encore
des monſtres ſi l'on conſidere toutes les penſées bizar-
res que leur temperament
leur inſpire, tous les deſſeins,
les inventions & les artifices
dont leur humeur ruſée,
malicieuſe, diſſimulée, fait
L v

qu'elles s'avisent tous les jours. En un mot, ceux qui les comparent à des monstres ne font pas plus que l'Ecriture sainte qui les compare à des dragons.

L'on s'est mocqué de Socrate, de ce qu'il comparoit d'ordinaire la beauté des femmes à un temple magnifique & de belle apparence basti sur un lieu plein d'immondices & d'ordures. Qu'y à-t'il de si ridicule dans cette pensée? ou plûtost qu'y à-t'il qui ne soit pas vray? Cette plainte qui est si ordinaire aux gens mariez, est fondée sur ce que les femmes, & les belles entr'autres ayant le corps délicat, elles sont sujettes à des infirmitez tres-incommodes. Le Sage n'étoit pas fort éloigné du sentiment de ce Philosophe, lors qu'il disoit que *la beauté & les graces ne sont que vanité & que tromperie.* En effet, si l'on consulte l'opinion qui donne le prix à la beauté, celle-cy n'est qu'une chimere & un phantosme, puisque ce qui fait la beauté en une partie du monde, fait la derniere laideur en l'autre. C'est tout au plus une peau mince & délicate étenduë sur le visage avec la propreté à laquelle on est accoûtumé, & accompagnée d'un coloris aussi foible que celuy des fleurs les moins durables, qui se passe avec l'âge, qui se ternit par les maladies, & se seche au moindre hâle. C'est le beau dehors d'un sepulchre blanchi, qui doit tout son éclat & son lustre à la froideur du dedans; puisque les femmes ne sont belles que parce qu'elles sont femmes, c'est à dire d'un temperament froid, moû, humide, & sujet à toutes les imperfections qu'elles ont tant de soin de cacher. Enfin un beau visage est pour l'ordinaire un beau masque semblable à celuy dont le Renard de la fable dit que c'est une belle teste, mais que c'est dommage qu'elle n'a point de cervelle.

Il est si rare de trouver un beau visage & un bel esprit,

une bonne & une belle teste tout ensemble, qu'il y a lieu de croire que ces deux avantages demandent des qualitez incompatibles; & l'on voit que dans l'un & l'autre sexe, les personnes les plus disgraciées de la part du corps, sont ordinairement les mieux partagées du costé de l'esprit; comme si la nature avoit voulu mettre ce contre-poids pour empécher les femmes de tomber dans le dernier excés d'orgœüil. Mais ce qui devroit encore le rebatre, c'est que l'on a toujours remarqué que la beauté & la vertu se trouvent rarement ensemble; les hommes mesmes n'ayant pas trop bonne opinion de ceux de leur sexe qui sont si beaux. Outre que selon l'Ecriture la beauté est l'écœüil de la sagesse, & comme un filet que le demon tend aux hommes & aux femmes pour les entraîner ensemble dans un abysme de mal-heur. De sorte que celles qui s'en prévalent & s'en glorifient si fort ressemblent aux ministres d'un tyran qui s'estimeroient honorez d'estre chargez d'un poison dont ils periroient eux-mesmes aprés l'avoir fait avaler à d'autres.

Ainsi la pensée de Socrate n'est pas si impertinente qu'on le veut persuader, & elle le paroistra encore moins si on la veut entendre de la beauté postiche & de commande, pour ainsi dire, qui

des Hommes. 255

est encore plus commune que la beauté naturelle, & qui a esté si bien décrite par un de nos Poëtes.

Regnier Satyre. 9.

L'Amant juge sa Dame, un chef-d'œuvre icy bas,
Encore qu'elle n'ait rien sur soy qui soit d'elle,
Que le rouge & le blanc par art la fasse belle,
Qu'elle ente en son Palais ses dents tous les matins,
Qu'elle doive sa taille, au bois de ses patins,
Que son poil dés le soir frisé dans la boutique,
Comme un casque au matin, sur sa teste s'applique,
Qu'elle ait comme un piquier le corselet au dos,
Qu'à grand peine la peau puisse couvrir ses os,
Et tout ce qui de jour la fait voir si doucette,
La nuit comme un depost, soit dessous la toilette.

Les Anciens & les Modernes pretendent par la Coque-

terie est le fond de l'humeur des femmes, qui éclate en mille manieres, quelque soin qu'elles prenent de la déguiser. La passion qu'elles ont de paroistre, & d'étaler tout ce qu'elles croyent avoir de beau & de touchant, l'étude qu'elles font des occasions & des moyens de se remettre, L'ardeur avec laquelle elles s'en saisissent, la joye qu'elles témoignent d'estre veuës, la tristesse, le dépit & la colere qu'elles ressentent lorsqu'elles croyent qu'on les méprise, la jalousie qu'elles ont les unes contre les autres, les dépenses qu'elles font en ajustemens, le temps qu'elles employent'à les mettre, la violence qu'elles font à la nature mesme, pour empécher ou pour couvrir la grossesse, éloignant de leurs mammelles leurs enfans lorsqu'ils sont petits, & de leur presence, quand ils sont grands ; corrompant mesme leur visage pour lui donner un faux éclat par des drogues dont l'appareil nous le feroit prendre pour un ulcere si nous le voyiõs poser. En un mot, tout ce qu'elles font pour paroître libres, jeunes & aimables, leurs regards, leurs discours, leurs gestes, & toutes leurs actions montrent assez évidemment quel est l'esprit qui les conduit, & qu'elles sentent bien elles-mesmes qu'elles sont comme ces viandes qui ont besoin d'estre mises en ragoust pour donner de l'appetit.

Il est vray que les hommes ont aussi quelquefois recours aux ornemens étrangers, mais c'est avec moins d'application & de necessité, la beauté & la grace ne leur estant pas si necessaires qu'aux femmes pour donner de l'amour, & ils y reüssissent mieux en se convertissant en pluye d'or & de perles, que paroissant en Adonis ou en Jupiter.

Quiconque est riche est tout, il est cheri des belles,
Jamais sur-Intendant ne trouva de cruelles.

Et ce qui montre qu'il y a plus que la coûtume qui porte les femmes à rechercher les ajustemens avec tant d'ardeur, c'est que cette pratique est universelle, n'y ayant point de siecle ny de pays, ou elles n'ayent encheri sur les hommes, estant toujours plus luisantes, plus huilées, plus peintes & plus charbonnées dans les endroits où l'huile, le charbon & la peinture tiennent lieu de fard.

En plusieurs endroits de l'Afrique & de l'Amerique.

Le mesme Socrate dont nous avons déja parlé, regardoit comme le plus grand malheur qui pût arriver à un homme sage, que d'estre lié inseparablement avec une femme. Et lorsque ses disciples le consultoient là dessus il leur répondoit, qu'ils se souvinssent des poissons qui se tuënt pour entrer dans les filets & qui n'y sont pas plûtost qu'ils s'efforcent d'en sortir, & quelques-uns ajoûtent qu'il leur alleguoit ce Proverbe qu'il avoit justifié à ses dépens,

Un vieux Poëte.

Une femme & un hoste, un temps pluvieux & mou
Aprés plus de trois jours nous causent du dégoû.

Pour bien connoistre les femmes & en parler sainement, ce n'est pas assez de les voir en ceremonie & au cercle, où elles viennent composées pour s'attirer de l'encens. Il faut avoir vécu avec elles, & les avoir veuës dans leur à-tous-les-jours, pour juger de leur esprit ; comme il faut les avoir veuës en deshabillé & à la toillette pour juger de leur beauté. C'est là que l'on reconnoist leur humeur, leurs façons, leur tracas, & qu'elles sont comme un beau soulier, dont on ne connoist point le défaut pour le regarder simplement.

De quelque caractere qu'on les cherche il y a toujours un costé qui ne revient pas tout-à-fait. Si elles sont jeunes, elles aiment encore à folatrer, & il faut avoir sans cesse les yeux sur elles & les tenir en lisiere de peur qu'elles ne se laissent tomber.

Une vieille est proprement une gouvernante qui ne veut point qu'on la quite.

Les belles sont trop sujetes à caution, & à faire plus d'amis que l'on n'en veut.

Les laides sont extrémement ombrageuses & veulent estre aussi bien servies que si elles donnoient la plus belle monnoye du monde.

Quand elles sont simples & innocentes, elles jugent des autres par elles-mesmes, & se laissent aisément persuader qu'on ne veut pas leur faire de mal.

Prendre une femme qui ait tant d'esprit, c'est faire de sa maison une academie ou une école dont elle sera la maistresse.

Celles qui ont de la naissance, la font bien acheter. Celles qui apportent du bien, le sçavent dépenser. Si elles n'en ont point, on apprehende qu'elles n'en empruntent, & que pour avoir une belle juppe, elles ne mettent le corps en gage.

Les Coquettes sont les plus naturelles de toutes les femmes : mais aussi elles le sont trop.

 Elles donnent souvent à tous, *Bertelot.*
 Un bien que vous croyiez à vous.

Et si un mary veut s'en plaindre, elles répondent sans façon.

 C'est bien aux maris à gronder, *Corneille*
 Si quelquefois de tendres flammes *Circé.*
 S'allument dans nos jeunes cœurs.
Que ne sont-ils les galans de leurs femmes,
 On n'en chercheroit point ailleurs.

Il n'y a rien de plus trompeur que l'aparêce & la mine. La severité des Prudes n'est qu'un fard qu'elles ajoûtent à leur beauté, & les leçons qu'elles donnent de la vertu, doivēt estre souvēt écoutées.

>Comme l'ordinaire chanson
>De qui fait le métier de prude :
>Elle met son unique étude,
>A se garantir du soubçon,
>Mais en bonne solitude,
>Elle n'y fait point de façon.

C'est-à-dire qu'avec les femmes, il y a toujours sujet d'allarme, comme de querelle & de dispute. Cela est trop connu pour le revoquer en doute, & l'on peut juger du repos & du bon-heur dont on joüit avec elles par le nombre des maris contens, aussi petit que celuy des femmes Sages, si rares qu'entre mille il ne s'en trouve pas une, si ce n'est en idée & en tableau. C'est la pensée mesme du Sage ge qui s'y connoissoit mieux que personne. Et ce qu'il dit ailleurs que *celuy qui a trouvé une bonne femme a receu de Dieu une grace particuliere*, confirme assez ce qu'en dit un Payen que c'est une chose aussi rare qu'un oiseau de Paradis que l'on ne voit sur la terre que quand le Ciel y en envoye.

<small>Prov. 18. 22.</small>

Les autres passages de l'Ecriture peuvent encore tresbien servir à justifier, 1º Ce que dit Aristote, qu'un Etat est mal gouverné par les femmes, parce qu'elles sont incapables de conseil ; 2º. Ce que dit Tacite un des plus grands politiques, que le sexe est foible & incapable de grans travaux, & que quand les femmes ont l'authorité entre les mains, elles en sont extremement jalouses, & deviennent superbes, insupportables, cruelles & vindicatives, 3°. Ce que dit un sage Romain, dans Tite-Live, qu'étant des animaux indomptables & incapables de moderation, elles ont besoin d'un frein, pour estre retenuës dans le devoir. 4°. En un mot, tout ce qu'en ont jamais dit les Anciens & les Modernes, & tout ce qui a esté étably en faveur des hommes, pour leur conserver le rang & la prééminence qui leur appartiennent si legitimement.

REMARQUES NECES-
saires pour l'éclaircissement
de quelques difficultez sur
l'égalité des Sexes, & sur
l'excellence de l'un à l'égard
de l'autre.

QUOY que ce qu'il y a dans le livre de l'Egalité des Sexes, & dans la Préface de celuy-cy, puisse suffire pour satisfaire à toutes les difficultez considerables que l'on peut avoir sur ce sujet, il ne sera pas neanmoins inutile d'y ajoûter quelques remarques.

I. Il faut en cette rencontre, comme en toute autre, prendre bien l'état de la question, c'est-à-dire voir dequoy il s'agit précisément, quel est le dessein de celuy qui parle, pour demeurer dans les termes & les bornes qu'il se prescrit. Nous prétendons simplement que les deux sexes considerez selon les avantages naturels du corps & de l'esprit, sont également capables, également nobles & également estimables. Ainsi c'est, à mon avis, prendre le change que de répondre qu'il y auroit quelques inconveniés à mettre les femmes dans les Emplois. Car nous ne demandons pas si on doit les y mettre, mais seulement si elles en sont capables.

Outre qu'un inconvenient

ne détruit point une verité, ceux que l'on nous peut opposer ne viennent que de la coûtume, & de ce que l'on considere la societé civile dans l'estat present où elle se trouve, & de la maniere que les hommes la conduisent & la reglent. Mais on ne fait pas réflexion qu'encore qu'elle n'ait pas toûjours été, & ne soit pas encore par tout de la même façon, elle n'a pas laissé pour cela de bien aller. Si les femmes avoient gouverné, elles auroient reglé les exercices & les employs à leur mode, comme ont fait les hômes. Par exemple, elles auroient pû obliger au celibat celles qui auroient voulu être ad-

M iij

mises aux charges où ce genre de vie seroit plus convenable, de la même maniere que l'on y oblige les hommes.

La necessité où elles sont dans le mariage, de porter les enfans dans leur sein, & de les nourrir ensuite, ne leur eust pas causé tant d'incommoditez ny d'obstacles dans les Republiques de Lycurge & de Platon, où les filles eussent été élevées dãs les mêmes exercices que les garçons, & eussent acquis peut-être autant de force & de vigueur. Et en effet on sçait que presque par toute l'Amerique & dans la meilleure partie de l'Affrique où les femmes travaillent côme les hommes, la grossesse ne les empêche presque point. Elles se délivrent toutes seules au milieu des bois & des campagnes ; elles vont aprés cela se laver auec leurs enfans à l'eau la plus proche, & les ayant portez à leurs habitations, sans les emmailloter, elles retournent à leur travail ordinaire, plus librement encore qu'auparavant. Il y a même plusieurs endroits où ce sont les maris qui se mettent au lit pour faire les couches, les accouchées mêmes leur servant de gardes.

Quoy qu'il en soit, afin que deux personnes soient égales dans une societé, il n'est pas necessaire qu'elles puissent faire la mesme chose, ou qu'elles la fassent de la mesme maniere. C'est assez qu'elles en puissent faire d'équivalentes. Or il est certain que la production & l'éducation des enfans qui appartiennent aux femmes est du moins aussi importante & aussi noble que tout ce que font les hommes. Et comme cela ne les empécheroit pas absolument de s'en acquitter comme eux, au lieu qu'ils ne peuvent faire tout ce que font les femmes, la partie est bien égale.

Voyez l'Egalité des Sexes. pag. 86.

II. Ceux qui s'appuyent sur le consentement de tous les hommes pour établir leur excellence prétenduë, montrent bien que leurs raisonnemens ne sont pas plus justes que leur cause. Car du moment que je prétends que l'opinion commune est un préjugé & une erreur, tous ceux qui y sont engagez deviennent mes parties, & par consequent recusables, n'y ayant plus que la raison qui nous puisse juger. Et de dire qu'un sentiment reçeu de tous les hommes ne peut estre faux, c'est répondre ce qui est en question. Le peu de gens qu'il y a qui suivent la raison, & la peine que l'on a pour la découvrir, nous apprennent assez à nous défier de ce qui est le plus universellement reçeu & pratiqué, comme étant peut-estre l'effet le plus naturel de la corruption des hommes, & des passions qui les gouvernent.

C'est pourquoy ayant receu du premier l'exemple de dominer sur les femmes, il n'est pas si mal-aisé de comprendre qu'ils l'ayent porté & conservé par tout où ils se sont répandus ; que de concevoir que le monde étant déja étably & imbu de certaines opinions, il en soit venu une nouvelle, qui nonobstant sa fausseté ait gagné la moitié de la terre, & s'y soit déja maintenuë depuis mille ans.

Ajoûtons à cela que le témoignage de plusieurs personnes, & de plusieurs sie-

Voyez l'Egalité des Sexes. pag. 16.

Le Mahumetisme.

cles n'a lieu que dans les matieres historiques, où il s'agit de sçavoir ce qui a esté fait ou dit sur les choses dont nous ne pouvons estre nous mesmes les témoins. Mais ce témoignage est inutile dans les choses de la Physique & des autres sciences, dont nous pouvons nous éclaircir par nous-mesmes.

Les femmes ne sçavent rien que ce que les hommes leur enseignent, & elles sont disposées à leur exemple à recevoir toutes les folies qu'on leur voudra inspirer. C'est pourquoy il ne faut pas s'étonner qu'elles ayent toûjours esté dans une opinion qui leur est désavantageuse, ny qu'elles ayent tant de peine à croire ceux qui entreprennent de les détromper : étant semblables en cela à des enfans de qualité qui ayant esté changez en nourrice & elevez en païsans, se moqueroient de ceux qui les viendroient reconnoistre.

III. C'est avoir peu de raison de nous renvoyer aux bestes pour juger de l'excellence des hommes. Si nous estimons parmy elles les mâles plus que les femelles, c'est à cause qu'õ les estime plus parmy nous, comme en effet nous ne les devons estimer à cét égard que par raport à nous. Ainsi je prefererois un chien à un bœuf, en ce qu'il fait paroistre plus d'esprit. Un autre aimeroit mieux un bœuf qu'un chien, en ce qu'il a plus de chair & plus de force. C'est-à-dire que l'excellence des bestes à nostre égard est fort arbitraire, puisqu'elle ne peut estre fondée que sur la ressemblance de corps qui est entr'elles & nous, sur le plaisir & sur le service que nous en pouvons recevoir, chacun selon ses besoins & son imagination. Au reste elles ne nous doivent servir d'exemple non plus que les hommes mesmes qu'en une maniere, lorsque les choses que nous y remarquons réveillant nostre raison, nous font penser à ce que nous devons faire : autrement il faudroit prendre tout indifferemment pour nostre regle.

Et je trouve que la seconde femme de l'Empereur Sigismond avoit raison de demander à ceux qui l'exhortoient à demeurer veuve aprés la mort de son mary, à l'exemple de la Tourterelle ; pourquoy ils ne luy proposoient pas plûtost celuy des pigeons & des autres animaux. Il n'y a rien dans le commerce du mâle & de la femelle qui donne l'avantage au premier. Le dessus ne vaut pas plus que le dessous: & ce qui est dessous icy, est dessus pour nos Antipodes. L'on est si bien revenu de l'opinion de ceux qui croyoient que le mâle est un principe actif dans la generation, & la femelle un principe purement passif, qu'il seroit inutile d'en parler. Outre que celuy qui agit souffre à sa maniere, & que celuy qui souffre agit quelquefois davantage quoy que son action nous soit insensible.

IV. Nous avons assez parlé ailleurs du temperamment des femmes. Si l'on joint ce que nous en avons écrit, à l'idée generale de la science que nous donnons au mesme Livre, & à ce que nous y disons des emplois; il sera aisé de juger que quelque temperament qu'elles ayent, froid ou chaud, sec ou humide; elles peuvent porter leur Esprit aussi loin que nous, en suivant la methode que l'on a dressée en leur faveur pour la conduite de l'esprit dans les

Egalité des Sexes. pag. 197.

pag. 103. & 140.

pag. 158.

sciences & dans les mœurs. L'experiēce nous faisant voir beaucoup de sagesse & de jugement dans des personnes de temperament tout opposé, & des femmes fort humides raisonner avec plus de solidité & de justesse, & de plus de choses que des hommes assez secs & qui ont beaucoup étudié.

Il ne faut donc avoir nul égard à ce que l'on dit d'ordinaire qu'elles sont d'une constitution plus froide que les hommes. Car cela ne s'accorde pas avec la chaleur interne necessaire aux femelles pour produire un animal dans leur sein; ny avec ce que nous voyons, & dont tout le monde tombe d'accord que les des Hommes.

femmes ont l'imagination plus vive & plus prompte que nous, ny avec ce que l'on dit d'ordinaire que le fond de leur humeur est la coquetterie, & qu'elles sont plus portées à l'amour que les hommes. Car tous ces effets viennent du mouvement & de la chaleur.

Il y en a peu parmy elles qui en conviennent ; parce que comme l'on se fait icy une vertu & un honneur de persecuter l'amour dont on fait peur aux simples comme d'un loup-garoux, il arrive souvent que ceux qui en sont les plus pressez, font semblant d'estre ses plus mortels ennemis pour estre plus à la mode, & pour paroistre exempts d'un mal dont tout le monde est rempli.

Il semble neantmoins qu'il estoit de la sagesse de l'Auteur de la nature de donner aux femmes une passion plus forte qu'aux hommes pour le mariage, afin que leur imagination estant plus touchée de ce qui peut y attirer, elles fissent moins de reflexion sur les incommoditez de cét engagement, qui les en pourroient détourner.

Ce qui contribuë à leur persuader le contraire c'est la coûtume qui les oblige plus à la retraite & à la retenuë, sur tout en matiere d'amour, que les hommes, à qui elle permet, de les rechercher, de les solliciter, & de faire éclater leur passion.

Cette émotion de sang que l'on appelle pudeur, & qu'elles ressentent plus que les hommes les confirme aussi dans cette persuasion, sur ce que l'on dit & que l'on croit bonnement que la pudeur nous est naturelle, & plus aux femmes qu'aux hommes, ce que l'on porte si loin que mille gens raisonnent de la sorte. La pudeur deffend aux femmes beaucoup de choses qu'elle ne deffend point aux hommes, & comme c'est la nature qui la leur a donnée pour leur servir de frein, c'est une marque qu'elle les éloigne des mesmes choses.

Pour moy je ne vois rien que la nature ne leur ait permis comme à nous, leur ayant donné le mesme droit de faire tout ce qu'elles jugeront à propos pour la perfection de leur esprit & pour la conservation & le soulagement du corps. S'il y a entre nous & elles quelque difference à cét égard, c'est un effet de la coûtume, d'où dépendent la gloire, l'infamie, le blâme, le mépris, l'honneste & le deshonneste. Et la pudeur n'est autre chose que la crainte d'estre blâmé & méprisé par les hommes, en faisant ou en disant devant eux ce qu'il ne leur plaist pas d'approuver.

On ne doit appeller naturel que ce qui est fondé sur la nature, c'est-à-dire, sur la dispositió interieure & essentielle de chaque chose. Or ce qui est de cette sorte ne se perd jamais, & se trouve par tout dans tous les âges, dans tous les estats & dans toutes les rencontres de la vie, estant une suite necessaire de ce que nous sommes.

Que l'on examine sur cette regle ce que l'on regarde comme le principal objet de la pudeur. En un temps on rougit de certaines choses, que l'on fait gayement en d'autres; & je ne croy pas que toutes les femmes rougissent en presence d'un galant-homme qui leur diroit qu'elles sont d'une constitution plus amoureuse que nous. Au moins elles n'en devroient pas avoir plus de honte, que quand on leur dit qu'elles sont plus belles : ces deux qualitez, d'avoir plus de tendresse & de beauté, leur estant tres-avantageuses, & une marque de leur excellence au dessus de nous, s'il y en doit avoir d'autre entre les deux sexes que celle qui vient de la raison.

C'est ce qu'une fille des plus belles de corps & d'esprit que je connoisse, & qui ne fait ny profession ny scrupule de galanterie, répondit un jour à une de ses amies qui lui disoit dans l'entretien qu'elle ne pouvoit souffrir ces gens qui croyent que les femmes ont du tendre plus que les hommes.

Vous avez sans doute vos

raisons, luy dit-elle, pour considerer comme une injure ce que je regarde comme un éloge. Car je suis d'une façon que je ne croirois pas qu'un homme me fist plus de tort de me dire que j'ay plus de penchant à l'amour que luy, que s'il me disoit que j'ay plus de beauté.

C'est assurément avoir le goust bien different du commun des femmes qui donneroient tout pour estre belles. Ce n'est pas que je ne considere cette qualité comme une des plus estimables. Je sçay qu'elle en est la puissance: mais cela n'est bon que pour un temps, & est trop fragile & trop foible en comparaison des avantages qui accompagnent l'amour.

Il n'y a que l'amour qui nous donne de l'esprit & du plaisir. Qui n'a point d'esprit n'a point d'amour. Vous cónoissez l'homme que vous trouvâtes icy dernierement. Il y a quelque-temps que c'estoit un stupide, un taciturne, un bizarre, un emporté, un opiniâtre, un fâcheux, sans honnesteté, sans complaisance, à charge à luy-mesme & à tous ceux qui avoient le mal-heur de se rencontrer avec luy. En un mot on le fuyoit comme un moine-bouru, & plusieurs gens ne le connoissoient que sous ce nom-là.

Ayant eu un bon intervalle il y a environ un mois, il

il s'avisa de me venir voir à une heure peu ordinaire pour les visites & me trouva toute seule. Je le reçeus avec toute la bonté dont je suis capable. Je luy témoignay de l'estime, je le loüay sur tout ce que je remarquois en luy, qui le meritoit. Je répondis obligeamment à tout ce qu'il me dit des sentimens de son cœur, & je reconnus enfin par les protestations, par les confidences, & par les offres qu'il me fit, qu'il avoit pris un peu d'amour, & que j'avois touché son cœur.

Je ne vous dis tout cela que pour venir au changement que ce remede a fait en sa personne. Car il a tellement rectifié ses esprits, qu'on ne le reconnoist presque pas. Il est devenu, honneste, complaisant, agreable, officieux, & tient presentement assez bien sa partie dans des conversations que je croyois auparavant au dessus de luy.

Ce que je vous dis de cette nouvelle conqueste, vous l'avez pû remarquer à proportion dans tous ceux que la belle passion inspire. Que si elle est si efficace & si utile aux personnes en qui elle n'agit que pour un temps, jugez de ce qu'elle doit operer en ceux à qui elle est plus naturelle qu'à d'autres, pourvû qu'elle ne soit point corrompuë par le mélange de quelque mauvaise humeur, ny de mille phantaisies que le monde se met en teste, faute de consulter la raison. Et l'on voit en effet que tous ceux qui approchent le plus du temperamment des femmes, & qui les frequentent davantage sont toujours les plus raisonnables & les plus polis, comme ayant les qualitez les plus propres pour la societé & pour la paix.

Vous me direz peut-estre que l'on se sert d'un terme de mépris pour marquer ceux qui nous ressemblent & qui aiment à se trouver avec nous, en les appellant des effeminez. Il est vray que c'est là le terme ordinaire, mais vous connoissez l'humeur des hommes. Vous sçavez bien quel est leur principe, en tout ce qui nous regarde. Ils ont du mépris pour noſtre ſexe, & par conſequent pour ce qui nous eſt particulier. Ils eſtiment plus le leur, & tout ce qui luy appartient leur paroiſt plus excellent. C'eſt pourquoy les défauts qui ſont communs aux deux ſexes, ſont à leurs yeux plus grands & plus horribles dans le noſtre, & les perfections qui leur ſont communes avec nous, ſont en eux dans un degré plus élevé.

La verité meſme devient ridicule & mépriſable dans noſtre bouche. J'ay éprouvé cent fois qu'en rapportant certains raiſonnemens comme venans d'une femme, on n'y faiſoit nulle attention, ou bien l'on se contentoit de dire que c'estoit le raisonnement d'une femme. Et en d'autres rencontres faisant le recit des mesmes choses sous le nom d'un homme, on y faisoit reflexion, & on les estimoit fort.

Les plus belles vertus ont dans nostre sexe le mesme sort que la verité. Elles y deviennent un vice, au lieu que le vice se change en vertu dans les hommes. Y-a-t-il rien par exemple de plus contraire aux loix naturelles & divines que d'exposer sa vie, si ce n'est pour la conserver, & de se jetter aveuglément dans les dangers les plus évidens par le seul desir de la gloire qui est le plus vuide de tous les phantômes que les hommes se soient forgez, principalement quand on ne la doit acquerir qu'aprés la mort, lorsqu'elle ne guerit de rien. Cependant cette conduite est la plus haute vertu parmy les hommes: c'est-elle qui fait les Heros, qui donne les applaudissemens, les triomphes & l'immortalité. On nous méprise au contraire, parceque suivant les loix de la Religion & de la raison, nous aimons une vie éloignée du trouble & des armes; que nous sommes sensibles à la misere d'autruy, & que nous ne voudrions pas plonger une épée dans le sein d'un homme, qui nous auroit dit injure, ou d'un étranger inconnu qui ne seroit nostre ennemy que parce qu'on luy auroit donné ce nom-là, & que l'on nous auroit dit qu'il y a de la gloire à luy donner la mort, ou bien à la recevoir de sa main. Voila pourquoy un honneste homme qui aime la paix, le repos & la douceur comme nous, est traité de moû, de lâche & d'effeminé.

Nous ne sommes point au monde pour faire du mal, mais pour faire du bien, nous n'y sommes point, pour haïr, mais pour aimer. La nature & la Religion ne nous préchent qu'amour. Dieu n'a créé le monde & ne le conserve que par amour & pour l'amour. Nous ne venons au monde, & n'y pouvons estre vertueux ny contens sans l'amour, & nous ne serons recompensez dans l'autre vie que par amour, & pour avoir bien-aimé en celle-cy.

C'est une des raisons qui me persuade que ceux qui ont plus de pente à l'amour sont plus excellens que les autres. Et vous entrerez sans peine dans ce sentiment pourvû que vous ne consultiez point la coûtume qui se mêle de regler les discours & la conduite de l'amour en particulier comme en public. Car la pluspart du monde est assez sot pour croire que la coûtume doit estre nostre regle en l'absence des hommes, de mesme qu'en leur presence ; Estans ainsi de vrays idolatres, puisqu'ils ont pour une chose qui est presque toujours l'effet du caprice, le respect & la crainte que nous ne devons qu'à Dieu, auquel il faut obeïr en tout & par tout, parce qu'il voit tout.

Je ne voudrois pas dire cecy au milieu des ruës ny en presence de mille gens infames contre l'amour, & qui ne veulent pas que les femmes se mêlent d'en parler; comme je ne voudrois pas y paroistre en robe de chambre. Mais je ne feint point de vous dire, à vous qui aimez à raisonner, & à ne rien faire sans raison, que je voudrois estre d'un temperamment encore plus amoureux que je ne suis, parce que j'en aurois plus d'esprit. Et pour vous obliger à recevoir comme un éloge, ce que vous appellez une injure; je m'en vas vous faire part d'une idée qui vous paroistra aussi plaisante que nouvelle sur ce qu'on nomme proprement amour. C'est qu'il me semble que si d'un costé l'on considere que les femmes y ont plus de disposition que les hommes; & que de l'autre costé l'on ait égard à la maniere dont elles contribüent à leur production, on peut dire qu'elles sont plus excellentes qu'eux, comme estant en cela les images de Dieu d'une maniere plus parfaite.

Ne vous est-il jamais venu dans l'esprit que de mesme

que nous n'arrivons à la connoissance de Dieu que par le moyen des creatures, aussi nous ne concevons rien en luy que par rapport aux mesmes creatures qui sont ses ouvrages. C'est pourquoy je le definis, l'Estre qui a produit & engendré le mõde. Et quand je recherche le motif de cette production, je n'en trouve point d'autre, ny d'autre modelle que l'amour de Dieu. En sorte que tout l'Univers en general, & chaque creature en particulier est en mesme-temps l'effet & l'image de l'amour-divin.

En effet les puissances que nous avons ne nous estant données que pour agir ; les creatures ne pouvant pas ressembler à leur Auteur dans son essence comme dans ses actions ; l'amour estant la premiere & la principale, à laquelle se rapporte tout ce que nous connoissons en luy ; la puissance pour executer les desseins de l'amour, la sagesse pour en ordoner les effets, la providence pour les conserver ; la bonté pour favoriser les hommes, la justice, pour regler leur amour & leurs devoirs, la misericorde pour recevoir ceux qui s'en sont écartez ; on peut dire que l'amour est ce qu'il a voulu representer dans les creatures, & que leur nature, leur difference, & leur noblesse consiste dans la maniere dont chacune le represente.

Cela paroist en ce que non seulement il les aime toutes, comme ses effets & ses images, s'y unissant par sa présence & par son action; mais encore il veut en estre aimé, & qu'elles s'unissent & se rapportent toutes à luy, celles qui sont capables de raison par une union & une conformité entiere d'esprit & de volonté, & les autres par celles-cy, en le considerant comme l'Auteur & la fin de tout; & usant de tout, c'est-à-dire en s'y unissant selon les loix qu'il leur a prescrites.

C'est pour cela qu'il a inspiré à toutes les créatures le desir de l'union qui est ce que j'entends par amour. Les corps dont l'Univers est composé, aiment tellement a estre unis, que l'on ne conçoit pas qu'aucun pust estre separé des autres par le vuide. Les parties de ces corps ont plus de disposition à se joindre avec les unes qu'avec les autres. La perfection & la beauté de chaque corps ne consiste que dans l'union & dans la juste convenance de toutes leurs parties. Et ce qui me persuade que cette disposition a l'union dans les corps les plus inanimez, fondée sur la difference de leurs étendues, de leurs figures, & de leurs mouvemens, peut estre fort bien appellée amour, sans que la Metaphore soit fort éloignée; C'est que l'amour des animaux les uns pour les autres, & pour quoy que ce soit, n'est autre chose qu'une certaine disposition corporelle qui les porte à rechercher ce qui leur est le plus convenable.

Je ne m'arresteray point à l'ordre que l'on pourroit imaginer par ce principe entre toutes les choses créées. Je vous diray seulement qu'il me semble que celles qui ont le plus de subtilité & d'activité, par exemple le feu, doivent passer devant les autres : parce que penetrant plus de choses, elles sont plus capables d'union, & representent ainsi mieux l'action par laquelle Dieu agit sur tout, & s'unit à tout.

Mais comme sa principale action est l'amour par lequel il produit un estre nouveau hors de soy-mesme, les choses qui luy ressemblent le plus en cela doivent avoir le premier rang. C'est pourquoy l'homme est le plus noble de tous les animaux & de toutes les autres creatures, n'y ayant rien à quoy il ne puisse s'unir par ses pensées & par ses desirs, pouvant outre cela produire son semblable, avec connoissance & avec volonté.

Or de mesme qu'en Dieu tout se rapporte à l'amour, tout s'y rapporte aussi dans l'homme. Il n'est homme que par l'union & l'amour du corps & de l'esprit. Le corps n'est parfait & entier que par le juste assemblage de tous ses membres, & ne peut s'entretenir dans son estat de perfection, n'y arrimer à une plus grande, sans s'unir à tout ce qui l'environne, par le moyen de ses organes, pour s'approcher de ce qu'il aime, ou pour s'éloigner de ce qu'il ne peut aimer. Et l'esprit qui est le principe de connoistre & de vouloir, c'est-à-dire, de se joindre par l'entendement & par la volonté, ne peut estre content & satisfait qu'il ne soit uny de ces deux façons à ce qui luy paroist de plus conforme, pour luy mesme ou pour le corps.

Voila pour ce qui regarde le desir de nous conserver nous mesmes que l'on appelle communement l'amour propre. Dieu nous a encore donné un second desir qui a pour objet l'union d'une personne de sexe & de constitution differente, dont le concours est necessaire pour produire un estre de mesme nature que nous. Or c'est par ce desir que nous sommes proprement les images de Dieu, puis qu'en l'executant selon ses loix, nous imitons ce que nous connoissons en luy de premier, qui est de produire par amour un ouvrage separé de nousmesmes, qui dépend de nous, sans que nous dépendions de luy, qui a besoin de nostre secours pour estre conservé comme pour estre produit; auquel nous demeurons unis par amour, & pour lequel il semble que tout ce qui est en nous ait esté fait.

Si l'on n'y pense pas durant les premieres années de la vie, c'est que le corps a besoin de ce temps-là pour acquerir les forces qui luy sont necessaires. Car aussitost qu'il en a assez, ce second desir commence à s'emparer du cœur; il nous détache en quelque façon de nous mesmes & de ceux à qui nous devons la vie, pour nous attacher, & à la personne dont l'amour & l'union sont necessaires pour la donner à une autre, & à celle qui l'a receuë de nous. Il semble alors que l'on ne vive plus pour soy, mais seulement pour ceux que l'on aime : l'on fait plus d'efforts pour eux que pour soy-mesme. On est autant & quelquesfois plus touché du bien & du mal qui leur arrivent que du sien propre. Enfin ce desir se fortifie avec l'âge; il occupe la meilleure partie de la vie; il ne finit pas mesme quand le corps a perdu ses forces, restant encore apres dans l'esprit; & il rend les hommes immortels comme Dieu, autant que la condition d'une créature faite pour en produire une autre le peut permettre : puisque ce n'est mourir qu'à demy, que de laisser d'autres soy-mesmes, en qui l'on espere de vivre en quelque façon aprés la mort. Et c'est pour cela que les peres & meres se mettent souvent plus en peine de la fortune de leurs enfans pour aprés leur mort que durant la vie.

Ainsi l'amour est le commencement, la fin, le bonheur & la perfection de l'homme, n'y ayant rien qui le rende plus semblable au premier estre qui fait tout par amour & pour l'amour. Et il est indubitable que les femmes le sont plus que les hommes, ayant plus d'amour qu'eux, & cet amour les faisant agir d'une maniere plus approchante de celle de Dieu dans la production du monde. Car ce sont elles proprement qui nous forment dans leur sein, qui nous donnent l'estre, l'accroissement, la perfection, la vie, la naissance & l'éducation; Imitant en cela la toute puissance divine qui produit dans son immensité comme dans un vaste sein un ouvrage tout different de luy-mesme; imitant aussi sa bonté, sa sagesse, sa misericorde, sa providence, bien autrement que les hommes, qui ont ordinairement moins d'amour & de soin pour leurs enfans, ne servant à leur generation qu'en passant & comme une simple pluye necesfaire à la terre pour faire germer la semence qu'elle renferme. C'est pourquoy nous appartenons naturellement à nos meres, à qui nous nous attachons uniquement dans nostre enfance, comme tous les petits des autres animaux.

Selon le principe que vous venez d'entendre, si un sexe est pour l'autre, comme on le prend communément, ce sont sans doute les hommes qui sont pour les femmes ; la nature qui les a destinez à nous servir, leur ayant donné un amour plus emporté & plus violent, parce qu'il doit moins durer, un esprit plus solide & plus pesant, un corps plus grossier & plus robuste pour estre plus capables d'éxecuter nos ordres, de supporter la fatigue, de labourer la terre, & de faire tous les travaux necessaires pour l'entretien de leurs femmes & de leurs enfans.

 Ce que je trouve de plaisant dans leur conduite c'est d'avoir pris un sujet d'élevation & d'empire, de ce qui devroit estre pour eux une occasion d'abaissement & de soûmission, suivant mesme les idées les plus ordinaires par lesquelles ils se gouvernent. Ils se glorifient d'estre les inventeurs de tout ce qu'il y a de grand & de beau dans le monde ; & prétendent que c'est une marque

marque de plus d'esprit, de superiorité, d'excellence, d'avoir trouvé les Arts & les sciences, basti des villes, fondé des Empires, & d'avoir toujours eu le soin de la paix & de la guerre. C'est faire justement comme des domestiques & des officiers qui voudroient assujettir leurs maistres, en abusant du pouvoir & des forces qu'ils auroient receuës pour s'acquiter de leur devoir, & qui auroient fait plus qu'on ne leur auroit demandé. Je voudrois bien sçavoir pourquoy les Artisãs, les Laboureurs, les Marchans qui portent les plus grosses charges de l'Estat, sont moins estimez que les nobles qui ne font rien, & que les hommes au contraire, qui font & doivent estre les roturiers des familles à l'égard des femmes, s'estiment neantmoins plus qu'elles. Si ceux qui font la plus grosse besogne doivent aller aprés les autres, vous voyez bien le rang qui leur appartient, & que ce doit estre moins par civilité que par devoir qu'ils nous donnent le haut bout, & le costé le plus honorable. Examinons encore par plaisir leurs titres de noblesse. Car il est juste de sçavoir ce qui leur appartient pour les découvertes qu'ils ont faites dans les Arts & dans les sciences & pour les beaux établissemens dont ils prétendent que nous leur sommes redevables.

Car il leur faut rendre justice.

Pour ce qui est des Arts & des sciences, nous pourrions peut-estre leur en disputer l'invention. La propreté & l'adresse que nous faisons voir en tout ce que nous entreprenons, la delicatesse de nos doits, la vivacité & le tour ingenieux de nôtre imaginatiõ, devroient bien leur avoir appris de quoy nous sommes capables. Et s'ils se souvenoient combien les Arts ont esté foibles dans leur commencement, combien ils ont esté lents & incertains dans leur progrez, combien de gens y ont mis la main pour les perfectionner, combien il leur a couté de siecles & de peines pour les porter à la perfection où ils sont, & combien le hazard y a contribué, je crois qu'ils parleroient en cela de leur esprit avec plus de modestie. Et lorsque je considere que l'on s'est passé si long-temps de toutes ces belles & cheres inventions; que l'on s'en passoit encore il n'y a qu'un siecle dans l'autre partie de la terre sans que l'on en fust moins heureux; que la pluspart ne servent qu'à irriter nos desirs, nostre ambition, nostre vanité, nostre luxe, nostre avarice, dont elles sont les effets, & a augmenter nos besoins, nos inquietudes, nos peines & nôtre misere; Il me semble que l'on n'en a une si haute idée que parce que l'on y est accoûtumé.

N'avez-vous jamais jugé de l'esprit des hommes par le rang qu'ils donnent aux Arts qu'ils ont inventez? pour moy quand je vois que les plus necessaires comme l'Agriculture, passent pour les plus vils & les plus bas, que ceux qui les exercent sont traitez comme la lie des Estats, & foulez comme la terre qu'ils cultivent; & qu'au contraire les métiers les plus badins, & les plus nuisibles sont regardez avec estime, je ne puis m'empécher de me dire à moy-mesme qu'il y a bien du vuide dans ces testes mâles qui veulent estre considerées comme les plus solides.

Aprés cela nous ne devons point nous étonner que les

femmes soient dans le mépris, quoy qu'elles entendent mieux que les hommes le plus beau de tous les arts qui est l'Art d'aimer, c'est-à-dire le principe, la fin & la regle de tous les autres; & qu'elles produisent, qu'elles nourrissent, & qu'elles élevent les hommes, & que par cette raison elles meritent seules la gloire & l'honneur du plus bel ouvrage & du plus grand ornement du monde, pour lequel tous les Arts ont esté recherchez.

Si j'estois entenduë de quelqu'un de ceux qui se piquent de science, il ne manqueroit pas de m'entreprendre sur son métier, & de dire que ses grands peres les sçavans sont dignes d'un rang & d'une reconnoissance particuliere, ny ayant que les sciences qu'ils ont inventées qui soient capables d'ouvrir l'esprit, de l'éclairer, de le regler, de le perfectionner & de le rendre sociable & heureux.

C'est en effet ce que devroient produire les sciences, mais ce n'est pas ce que produisent celles dont les hommes font ordinairement profession, n'y ayant point de gens plus sauvages, plus fiers, plus incommodes plus opiniâtres, plus emportez, plus infatuez, plus ignorans, plus incapables de raison, ny plus ennemis des femmes & de l'amour, du moins en apparence, que ceux que l'on appelle sçavans.

Il y a déja quatre ou cinq mille ans que les hommes employent à rechercher la verité. On les y met dés le berceau ; la pluspart y consacrent toute leur vie, tout leur bien, & tous leurs plaisirs, ils ont des greniers & des magazins remplis de la recolte des sçavans leurs predecesseurs. Qu'ont-ils produit avec tout cela ? des chimeres, des préjugez, des erreurs, des sectes, des divisions, des heresies, des superstitions qui n'ont servy qu'à troubler le repos du mõde. Et aprés avoir bien disputé, bien recherché durant tant de siecles, les uns soûtiennent que la verité est au fonds d'un puits ou personne ne peut descendre ;

d'autres que toute la science consiste à reconnoistre que l'on ne sçait rien, & les plus Modernes, que l'on s'est trôpé jusqu'icy par préjugé, & que pour devenir sçavant, il faut en revenir à l'A b c, comme si l'on n'avoit jamais rien appris. N'avez-vous jamais vû ces charlatans qui arrestent les sots par leur vain babil dans les places publiques ; qui se traitent d'empoisonneurs les uns les autres, & qui pour mieux vendre leur Mitridate s'habillent en mascarade, & avalent des serpens. C'est l'image des sçavans de toutes sortes d'espece. Faites-en vous-mesmes l'application ; elle est aisée.

Oüy la science des hommes

est une pure charlatanerie ; il n'y a que la science d'aimer qui merite un si beau nom, puisque nous ne pouvons ny faire ny sçavoir autre chose avec certitude. C'est pourquoy les femmes y estant plus habiles que les hommes, elles ne leur doivent rien de ce costé-là. Et si vous avez bien compris le systeme que je vous en ay donné, vous aurez le plaisir de reconnoistre vous-mesme ce que je vous ay dit des sçavans.

J'ay eu autrefois la folie de croire que c'estoit un tres-grand bon-heur que de naître dans un Empire florissant où l'on pût par le moyen des arts, des sciences & de la fortune acquerir des amis, des plaisirs, des richesses, des habits somptueux, des palais magnifiques, une grande suite d'officiers & de domestiques, & joüir par le moyen du commerce de tout ce qui se trouve de beau & de curieux dans les païs étrangers. Mais depuis que je me conduits plus par raison que par coûtume, & que j'ay sçeu comment vivoient les premiers hommes, & comment vivent encore aujourd'huy ceux que le peuple appelle sauvages, parce qu'il les a oüis nommer de la sorte, & qu'ils ne vivent pas comme luy, je me suis bien détrompée.

Dans le premier âge du monde, dont il nous reste encore quelque ombre dans les amours innocens des bergers & des bergeres, & dans les plaisirs de la vie rustique, quand elle n'est point troublée par la crainte des Puissances ny des Ennemis, tous les hommes estoient égaux, justes & sinceres, n'ayant pour regle & pour loix que le bon sens. Leur moderation & leur sobrieté estoit cause de leur justice ; chacun se contentant de ce que la terre qu'il avoit receuë de son pere, rendoit aux soins qu'il avoit pris de la cultiver : Et s'employans tous sans soucy, sans envie, sans ambition à un si loüable exercice, l'on ne reconnoissoit presque point d'autre maladie que la vieillesse, dont on ne ressentoit que de courtes incommoditez, & aprés avoir vécu un siecle.

Mais depuis que quelques hommes abusans de leurs forces & de leur loisir se furent avisez de vouloir assujettir les autres, l'âge d'or & de liberté se changea en un âge de fer & de servitude : Les interests & les biens se confondirent de telle sorte par la domination, que l'un ne put plus vivre que dépendamment de l'autre. Et cette confusion s'augmentant à mesure que l'on s'éloignoit de l'état d'innocence & de paix, produisit l'avarice, l'ambition, la vanité, le luxe, l'oisiveté, l'orgueil, la cruauté, la tyrannie, la tromperie, les divisions, les guerres, la fortune, les inquietudes. En un mot presque toutes les maladies de corps & d'esprit dont nous sommes affligez.

Je croy que c'est depuis ce temps-là que la verité & la Justice se voyant persecutées, celle-cy fut contrainte de se sauver au Ciel, & l'autre de se cacher au fonds d'un puits, & que l'Amour n'osant plus paroistre devant tant de monde, qui ne s'estoit pourtant assemblé que pour luy, à cause des préjugez de coûtume & de bien-seance, fut obligé de mettre un bandeau sur ses yeux, & de passer pour un aveugle, comme un sage de l'antiquité fut obligé de faire le fou pour pouvoir donner librement un bon conseil.

Enfin pour combattre les hommes par les hommes mêmes, je vous diray que le peu de sages qu'il y a eu parmy eux considerant tout ce qui se passe dans les grandes societez, n'y ont trouvé que deux faces côsiderables, l'une digne de risée & l'autre de compassion. Je suis bien de leur sentiment. Et quand je regarde seulement ce qu'ils ont establi à l'égard des femmes, je ne sçay s'ils ne meritent pas bien pour leur sagesse & pour leur justice, de porter sur la teste comme estans chefs des familles, les marques illustres de leur Excellence prétenduë.

J'ENTRE assez dans la pensée de cette admirable fille. Je ne vois guéres de plus grande marque de la prévention des hommes que la persuasion où ils sont du merite & de la noblesse de leur sexe. Ce n'a été que pour mieux connoistre leurs erreurs & leurs préjugez que je me suis appliqué à celuy-cy qui les renferme presque tous. Et comme je n'ay point eu d'autre dessein avec cela que de m'en divertir, en essayant ma plume. Je finis par ce second ouvrage un sujet qui m'auroit pû fournir assez de matiere pour vingt volumes, si je l'avois voulu traitter dans toute son étenduë.

FIN.

PRIVILEGE DV ROY.

LOUIS PAR LA GRACE DE DIEU, Roy de France & de Navarre, A nous Amez & Feaux Conseillers les Gens tenans nos Cours de Parlement, Maîtres des Requestes Ordinaires de Nostre Hostel & du Palais, Prevost de Paris, Baillifs, Senéchaux, leurs Lieutenans, & autres Justiciers & Officiers qu'il appartiendra, Salut. Nostre bien amé Jean du Puis nôtre Imprimeur, & Libraire ordinaire, Nous a fait remontrer qu'il a un Livre intitulé, *De l'Excellence des Hommes, contre l'Egalité des Se-*

xes ; Compofé par le Sieur qu'il defireroit faire Imprimer s'il luy eftoit pourveu de Nos Lettres à ce neceffaires. A CES CAUSES, Voulant favorablement traiter l'Expofant ; Nous luy avons permis & accordé, permettons & accordons par ces Préfentes, d'Imprimer, ou faire Imprimer ledit Livre, en tel Volume, Marge, Caractere, & autant de fois que bon luy femblera, pendant le temps de dix années confecutives, à commencer du jour qu'il fera achevé d'imprimer : Iceluy, vendre & diftribuer par tout noftre Royaume. Faifons défenfes à tous Libraires, Imprimeurs & autres, d'imprimer, faire imprimer, vendre, & diſtribuer ledit Livre, ſous quelque prétexte que ce ſoit, meſme d'impreſſion étrangere & autrement, ſans le conſentement dudit Expoſant ou de ſes ayans cauſe, ſur peine de confiſcation des Exemplaires contrefaits, mille livres d'amende, dépens, dommages & intereſts : A la charge d'en mettre deux Exemplaires en Noſtre Bibliotheque publique, un autre en Nôtre Cabinet des Livres en Noſtre Chaſteau du Louvre, & un en celle de Nôtre Tres-Cher & Feal Chevalier, Chancelier de France le Sieur d'Aligre, à peine de nullité des Préſentes. Du contenu deſquelles, Vous

Commandons & enjoignons faire joüir l'Exposant & ses ayans causes, plainement & paisiblement, Cessant & faisant cesser tous troubles & empeschemens contraires. Voulons qu'en mettant au cōmencement ou à la fin dudit Livre l'Extrait des Présentes, Elles soient tenuës pour duëment signifiées: Et qu'aux Coppies Collationnées par l'un de nos Amez & Feaux Conseillers, Secretaires, Foy soit adjoûtée comme à l'Original. Mandons au premier Nostre Huissier ou Sergent sur ce requis, faire pour l'execution des Présentes, toutes Significations, Défenses, Saisies & autres Actes requis &

necessaires, sans demander autre Permission; CAR TEL EST NOSTRE PLAISIR. Donné à Versaille le dernier jour de Juillet, l'an de Grace mil six cens soixante & quinze : Et de Nostre Reigne le trente-troisiéme. Par LE ROY EN SON CONSEIL.

DESVIEUX.

Registré sur le Livre de la Communauté des Imprimeurs & Libraires de Paris, le 7. Septembre 1675.

Signé, THIERRY, Syndic.

Achevé d'Imprimer pour la premiere fois le 10. Septembre 1675.

Les Exemplaires ont esté fournis.

www.ingramcontent.com/pod-product-compliance
Lightning Source LLC
Chambersburg PA
CBHW060642170426
43199CB00012B/1645